세상을
바꾸는
청년 사회
입문서

세상을 바꾸는 청년 사회 입문서

청년, 세상을 바라보는 새로운 시선을 만들다

바꿈청년네트워크
지음

궁리
KungRee

발간사

어느 순간부터 현실의 어려움과 전망의 부재를 말하는 것이 너무나 흔해졌습니다.

제한된 것이기는 하지만 분단체제 아래서 민주주의와 산업화의 동시 달성이라는 역사적으로 흔하지 않은 성과조차 빛이 바래가고 있습니다. 지금의 민주주의의 후퇴와 정체 그리고 경제의 위축과 양극화는 단기간에 이뤄낸 성과의 반작용 또는 그 그림자라고도 하지만, 그렇게 치부하기에는 그 정도가 너무나 크고 짙습니다.

특히 청년세대조차 자신의 생과 사회에 대하여 긍정적이기 힘든 여건입니다. 그러나 청년들이 전망을 찾지 못한다면 우리 사회 전체에도 희망은 없을 것입니다. 청년의 문제는 그 세대만의 문제가 아니고 우리 사회 전체에 대한 질문입니다.

상황이 어려워도 청년이 스스로 희망을 찾아야 하고, 청년 개개인이 아닌 전체로서 청년이 같이 모색하여야 할 것입니다. 그리고 사회 전체가 응원하여야 할 이유가 여기에 있다고 생각합니다.

여기에 모은 글들은 당사자인 청년이 희망을 찾아가는 과정을 기록한 것입니다.

20명이 넘는 젊은이들이 모여, 고민을 나누고 의논한 결과물입니다. 청년이 묻고 청년이 답한 내용입니다. 청년의 언어로 기록한 이야기이기도 합니다.

오랫동안 그 분야의 전문가로 활동한 분들의 글보다 조금은 투박할 수 있지만 그것이 이 글의 가치일 것입니다. 부디 이 글들이 젊은이들 안에서 반향을 얻고, 이후에도 청년세대의 분투로 이어지기를 기원합니다.

2016년 3월

'바꿈, 세상을 바꾸는 꿈' 이사장

백승헌

서문

"서는 곳이 달라지면 풍경도 달라지는 법이야."

노동현실을 다룬 『송곳』이라는 만화에 나오는 유명한 대사입니다. 각자가 처한 환경과 조건에 따라 세상을 보는 시선이 달라진다는 말입니다. 이 책을 펼친 여러분은 어디에 서서, 어떤 풍경을 바라보고 있습니까?

인기리에 방송된 〈응답하라 1988〉을 혹시 보셨나요? 극중 주인공 덕선은 공부도 못하고 특출한 재능도 없는 평범한 학생입니다. 그러나 그에게는 전교 일등 친구도 있고, 자기보다 성적이 좋지 않은 친구도 있습니다. 오늘의 기준으로 치면 '사회적 예비 실패자'쯤으로 치부될 만한 조건이지만, 그녀는 늘 밝고 활기찹니다. 주변은 또 어떻습니까? 잘사는 집, 못사는 집 할 것 없이 한 동네 사람들은 가족처럼 지냅니다. 서로의 걱정을 내 걱정인 듯 살펴주고, 맛난 것이 생기면 어김없이 나눠 먹습니다. 누군가의 도움이 필요할 때, 누군가에게 도움을 주어야 할 때, 그들은 주저함이 없습니다.

드라마가 그려내고 있는 1980년대 후반은 우리 사회가 오랜 군사독재 시절을 끝내고 이제 막 '민주화'의 발걸음을 내딛던 때였습니다. 오랜 독재체제 하에서 국가로부터 빼앗긴 여러 권리와 사회적 안전망을 그 당시만 해도 남아 있던 가족과 이웃을 비롯해 혈연, 학연, 지연 등의 공동체적 연결망이 겨우 대체하던 시절이었습니다. 여러분의 선배들은 정치적인 억압체제 속에서도 그나마 이런 갖가지 개인적인 안전망을 통해 '비빌 언덕'을 찾을 수 있었습니다.

그러나 지금은 어떻게 변했습니까? 서는 곳이 달라졌습니다. 해체된 독재의 권력은 국민들에게 돌아간 것이 아니라 바로 아래 있던 사법 권력, 경제 권력, 언론 권력에게 돌아갔습니다. 어느 하나 열심히 살지 않는 이 없던 '응답하라 1988'의 주인공들은 약 10년 뒤, 한국사회에 몰아닥친 외환위기의 풍랑 속에 쓰러져 갔습니다. '이웃'과 '나눔'의 가치는 철저한 개인주의와 무한경쟁, 성공 제일주의가 대체해버렸습니다.

이제 우리는 더 이상 '이웃'에 누가 사는지, 어떤 고민과 걱정을 안고 사는지 굳이 알려고 하지 않습니다. 전교 일등과 꼴등이 친구가 되는 풍경은커녕 부모의 재산과 수능성적 간의 관계는 그야말로 비례하고 있습니다. 90년대 중반 대학에 무한경쟁 원리가 적용되면서 대학과 대학생 수가 폭발적으로 늘어났고, 이 때문에 대학 간 서열화는 그 어느 때보다 심각해졌습니다. 여전히 건재

한 재벌은 불황이 유행어처럼 흔해진 순간에도 매출이 눈에 띄게 늘어가는데, 고용불안이 만성화된 비정규직은 나날이 그 수가 많아지고 있습니다. 평생직장이라는 개념이 사라진 지 오래지만, 여전히 '더 쉬운 해고'가 청년 실업의 해법으로 제시되고 있습니다. 이 모든 문제가 '개인의 능력' 탓으로 치부되면서, 이제 우리는 옆 사람과 연대하기보다 경쟁하며 살고 있습니다.

서는 곳이 달라지니 풍경도 바뀌었습니다. 세계 1위의 자살율, 세계 최고의 대학 진학률에도 높아지는 실업률과 낮아지는 고용률, 무한경쟁의 만성화, 치솟는 전 · 월세 값에 따라 유랑하는 시민들의 모습을 보며 우리는 만성 불안에 빠지게 됩니다. 게다가 민주국가에서는 상상도 할 수 없는 국가기관의 선거 개입이라는 초유의 사건도 제대로 처벌하지 못하고, 세월호의 참극을 만드는 데 일조한 이들이 오히려 승진하는 현실은 수단과 방법은 상관없이 결과만 얻으면 된다는 무시무시한 현실주의를 확인시켜주고 있습니다. 이처럼 한치 앞을 알 수 없는 불안한 삶의 풍경을 많은 이들은 '헬조선'이라는 표현으로 비꼬고 있습니다.

물론 지옥과 같은 이 나라를 가리키는 헬조선은 모두에게 해당되는 말은 아닙니다. 상위 소득 20%를 하위 소득 20%로 나눈 5분위 배율은 1992년 3.71배에서 2014년 현재 5.67배로 늘었습니다(도시 2인 이상 기준). 모두가 살기 어렵다고 아우성치는 상황에서도 누군가는 과거 그 어느 때보다 넘치는 부와 향락을 즐기고 있다는 의미입니다. 그렇지만 우리에게 강요되고 있는 시선은 이 모든 결과의 원인을 사회 구조적인 문제가 아니라 개인의 '노오오오오오력' 탓으로 치부하면서 '내 탓이오'로 바라보게 만드는 것입니다.

그러나 어떻습니까? 무한경쟁이 만들어내는 '상대평가'의 위력은 모두가 아무리 노력해도 모두에게 적절한 성과가 돌아가지 않는다는 것입니다. 그래서 항상 사회적 승리자와 낙오자의 비율은 할당되어 있습니다. 더 심각한 문제는 우리 부모 세대의 승리자가 자녀의 승리까지 규정하는 불평등의 재생산마저 고착되고 있다는 것입니다. 우리가 서 있는 현실, 그리고 그 현실에서 바라보는 풍경은 살벌한 계급사회 그 자체입니다.

~

'바꿈, 세상을 바꾸는 꿈'(이하 바꿈)은 이런 풍경을 바꾸기 위해 만들어졌습니다. 지금 우리가 겪고 있는 문제가 어느 개인의 노력 때문이 아니라 사회적인 문제라는 점을 인식하고, 지금보다 좀 더 나은 사회를 만들기 위해 할 수 있는 일을 찾고자 만들었습니다. 서 있는 곳을 바꾸기 위해서는 우리의 시선부터 달라져야 합니다. 그래서 바꿈이 제일 먼저 시작한 일 중 하나는 앞으로 이 나라를 이끌어 가야 할 청년세대와 함께 세상을 보는 시선을 공유하는 것입니다.

이 책은 그 과정의 작은 성과물입니다. 기성세대의 시선이 아니라 청년세대의 시선으로 우리 사회를 성찰하기 위한 시도입니다. 먼저 사회 곳곳에서 활동하는 20~30대 청년 20여 명을 만났습니다. "우리, 세상을 보는 새로운 시선을 만들자!" 이것이 그들을 모이게 만든 단 하나의 이유였습니다. 이 책의 필자는 대학생, 실업자, 노동운동가, 인권활동가, 평화통일교육가, 시민단체 활동가들로, 서는 곳이 다양한 친구들입니다. 지금의 풍경이 바뀌어야 한다는 믿음을 공유한, 그러나 현실에서는 꿈을 저당 잡힌 '미래세대'입니다.

그러나 우리의 역량이 필력 있는 저명한 인사들에 비해 크지 않았다는 것을 고백할 수밖에 없습니다. 어쩌면 이것은 미래세대임에도 여전히 현실을 주도하지 못하고 있는 청년의 모습과 닮았는지도 모릅니다. 만일 균형 잡히고 전문적인 교과서나 백과사전을 쓰고자 했다면, 관련 분야 전문가에게 맡기는 것이 더 효율적이었을 것입니다. 그러나 우리가 시도한 것은 '전문서적'을 만드는 것이 아니라 우리가 스스로 해석해본 풍경을 그리는 것이었습니다. 그래서 부족함이 있더라도 각자가 발 딛고 서 있는 곳에서부터 시작하기로 했습니다.

책은 크게 네 부분으로 나뉘어 있습니다. 다양한 노동과 안전 관련 단체에서 일하는 친구들이 바라본 노동현실의 풍경, 소위 '민주화' 이후에도 여전히 실종되어 있는 인간다울 권리에 대한 이야기, 대학생으로 살아가는 친구들이 그려놓은 대학의 풍경, 선거철만 다가오면 그 존재를 실감하게 되는 분단과 통일, 평화의 문제들을 다루었습니다. 분야마다 매달 두 번 정도 모여 각자의 고민을 토론하고, 초안을 쓰고, 또 토론을 반복했습니다. 각자의 생각과 주장도 소중하지만, 가급적 '우리'의 생각과 주장으로 만들려고 노력했습니다.

반드시 정리된 순서대로 읽을 필요는 없습니다. 각자가 가장 관심이 가는 부분부터 펼쳐보면 됩니다. 다만 이 책의 제대로 된 활용법은 자신이 읽은 내용을 바탕으로 반드시 옆 친구들과 대화해 보는 것입니다. 이 책은 다양한 현장 속에서 우리가 느낀 점과 우리의 해설을 통해 다른 청년들과 대화를 시작하기 위한 발제문에 가깝습니다. 그래서 이 책에서 다룬 시선과 평가, 해석과 주장에 동의하지 못한다면, 함께 '토론'을 해보자고 당부하고 싶습니다. 어떤 부분이 공감되고 어떤 부분을 동의하기 어려운지, 동의하기 어렵다면 자신의 생각은 무엇인지 토론하면서 서로의 부족함을 채워주고, 개인과 개인 간의 경쟁이 아니라 상호 발전을 도모하는 것이 이 책의 제대로 된 활용법입니다.

필자들이 초안을 쓸 때도 그랬듯이, 서로의 생각을 진지하게 들어보면 우리의 부족함을 알게 됩니다. 그것을 조금씩 채워 나갈 수 있다면, 그리고 그 과정에 이 책이 하나의 매개가 될 수 있다면, 그것만큼 보람된 일도 없을 것입니다.

~

예로부터 청년은 가장 무한한 가능성을 내재한 나라의 잠재력이자, 혼란스러운 시류에도 정론을 이야기하는 집단이었습니다.

오늘날처럼 청년들이 보살핌의 대상, 불쌍한 존재로 치부된 시대도 흔치 않을 것입니다. 이런 현실이 어떻게, 왜 만들어졌는지는 천천히 이야기해볼 일입니다. 그러나 중요한 것은 이런 현실을 바꾸기 위해서는 청년들에게 기회를 줘야 한다는 것입니다. 기회를 주기 위해서는 당장의 부족함과 당장의 실패를 감수해야 합니다.

이 책 역시 우리의 취지대로 활용될 수 있을지, 아니면 수없이 만들어지고 파묻히는 책 중 하나로 잊힐지는 알 수 없습니다. 사회적으로 인정받은 전문가가 아니라 평범한 청년들이 쓴 책이라 내용이 부실하다고 비난받을 수도 있습니다. 그러나 이런 실패와 부족함을 감수하지 않는다면 청년들이 사회를 향해 목소리를 내기란 대단히 어려울 것입니다. 그런 점에서 독자들께도 넓은 아량을 바랍니다. 그러나 그 아량이 단지 '이해하고 넘어가기'가 아니라 좀 더 나은 모습이 될 수 있는 발전적인 비판과 논쟁으로 돌아오기를 희망합니다.

마지막으로 이 책이 나오기까지 수많은 청년들을 만나고, 또 실패하면서도 포기하지 않고 부탁드린 원고의 마침표를 찍어준 필자 여러분께 감사의 인사를 드리지 않을 수 없습니다. 사실 가장 시간이 오래 걸린 일은 글을 쓰는 시간이 아니라 새로운 청년들을 만나고, 서로 약속을 잡는 일이었습니다. 지금 20~30대는 가장 버림받은 세대 취급을 당하고 있지만, 다른 한편으로는 가장 바쁜 세대이기도 합니다. 지친 업무와 활동, 아르바이트를 하는 틈틈이 내어준 시간들 덕분에 이 책이 나올 수 있었습니다. 낮

모르던 청년들을 이어주고 모임을 진행해준 4명의 코디네이터인 전진희, 윤지선, 정율(정민석), 홍명근 님의 헌신적 활동에 특별한 감사를 전합니다.

아울러 이 책의 기획처럼 성공이 불확실한 사업에 적지 않은 예산을 지원해주고 1년의 시간 동안 묵묵히 기다려준 법무법인 지향에도 감사를 드립니다. 실패 가능성이 적지 않은 사업에 재정을 지원한다는 것이 얼마나 힘든 결정이었는지는 짐작하고도 남습니다. 이와 함께 녹록지 않은 출판 시장의 현실에서도 이름 없는 청년들의 책을 선뜻 출판해주신 궁리출판에도 심심한 감사의 인사를 전합니다.

'바꿈, 세상을 바꾸는 꿈'은 앞으로도 현실의 작은 성공보다 미래의 큰 성공을 위해 당장의 불확실함과 실패를 두려워하지 않는 자세로 '목소리를 잃어버린 이들'이 자기의 목소리를 크게 내지를 수 있도록 지원하고 협력하는 사업에 나서겠습니다. 독자 여러분도 바꿈이 그리는 새로운 풍경에 붓 하나, 연필 한 줄이라도 그려주시기를 간절히 희망합니다. 감사합니다.

2016년 2월 늦겨울

강태경, 강혜진, 김성은, 김윤영, 김정숙, 리온소연, 박영민, 박혜영, 변규홍, 신정현, 오세연, 유애리, 윤지선, 이다솜, 이동철, 이인섭, 이진수, 임지훈, 전진희, 단청, 정별, 정율, 최수지, 최형순, 홍명근을 대신해 손우정(바꿈 이사) 드림.

차례

발간사 4

서문 6

1부 | 노동을 아름답지 않게 만드는 것들

1 · 청년 일자리 23

2 · 열정을 가지고 참고 견디라고요? 33

3 · 당신의 노동은 얼마입니까? 43

4 · 우리가 가진 몇 안 되는 비빌 언덕, 4대 보험에 대하여 55

5 · '노동자' 모두 여~기여기 모여라(feat, 헌법33조) 65

2부 | 인간답게 살아갈 권리

1 · 인권은 감정이다 81

2 · 인권 결핍의 대한민국 군대 93

3 · 우리 사회 혐오읽기-여성과 성소수자를 중심으로 105
4 · 광화문역에는 장애인이 살고 있어요 115
5 · 다름으로 차별받지 않는 사회,
세계시민으로 함께 살아가기 125
6 · 메르스는 아직 끝나지 않았다 135
7 · 송파 세 모녀에게 우리가 돌려주어야 할 말,
'죄송합니다' 147

3부 | 대학이 우리에게 알려준 것들

1 · 대학공략법 165
2 · 자신의 미래를 빛내러 온 대학에서
빚만 내는 대학생들 171
3 · 엇나간 교수와 학생의 사이 181
4 · 비리재단은 현재 진행중 191
5 · 대학을 권력으로부터 자유케 하라! 201
6 · 기업이 되어버린 대학 209
7 · 아직도 우리는 대학에서 희망을 찾는다 215

4부 | 평화, 통일보다 낯선

1 · 통일이라 쓰고 탈분단이라 읽는다 227
2 · 분단 모순 극복으로서의 통일 237
3 · 이게 우리가 싸워야 할 일이 아니야! 245
4 · 청년 실업 '중동'보다 '남북경협'에서 257
5 · 핏빛이 아닌 장미의 붉은빛으로 267
6 · 스무 살, 분단을 인식하고 평화에 공감하자! 275

에필로그 285

1부

노동을 아름답지 않게 만드는 것들

이 장은 '노동'을 하게 되었을 때 공통적으로 경험하게 되는 것, 그리고 노동자로서의 나를 보호하기 위해 알아야 하는 최소한의 정보를 담고 있습니다. 크게 다섯 부분으로 구성되어 있습니다.

첫째, 좋은 일자리. 초 · 중 · 고 의무교육, 더러는 대학과 대학원 등 심화교육을 거치며 우리는 소위 '스펙'을 쌓아갑니다. 대개 좋은 일자리를 찾기 위한 여정이기도 합니다. 그렇게 기다린 '좋은 일자리'란 무엇일까요? 청년이 선망하는 일자리는 정말 한정되어 있는 걸까요?

둘째, 열정페이. 빠르면 청소년 시기부터 우리는 아르바이트라는 이름으로 '노동'에 참여합니다. 직업전선에 뛰어든 뒤에도 '인턴', '수습', '비정규직', '정규직' 등 노동은 여러 가지 이름으로 존재합니다. 이에 더해 신조어 '열정노동'에 대해 이야기합니다.

셋째, 임금. 노동의 대가로 주어지는 '임금'. 노동시장에서 결정되는 임금은 과연 나의 노동의 가치를 제대로 반영하고 있을까요? 소득 양극화가 심화되는 헬조선 대한민국의 노동현실과 이를 바꿔내기 위한 최저임금 1만 원 인상운동, 생활임금제 등 대안운동과 정책을 소개합니다.

넷째, 4대 보험. 일을 시작하게 되면 의무적으로 가입되는 4대 보험(국민연금, 건강보험, 고용보험, 산재보험). 얼마나 내고, 어떻게 수급받을 수 있는지 계산법부터 활용법까지 정리해보았습니다.

다섯째, 노동3권과 노동조합. 사용자와 노동자는 '갑을'관계로 근본적으로 불평등할 수밖에 없는 관계입니다. 따라서 노동자는 뭉치고, 집단적으로 요구하고, 밀어붙일 수 있는 힘을 '법'으로 보장받고 있습니다. 노동3권 지키기의 기본이 되는 노동조합에 대해 소개합니다.

이 글을 읽는 동안 한 번쯤 당연하게 하고 있는 일과 그에 따른 권리와 의무들에 대해 생각해보는 시간을 갖길 바랍니다. '일을 한다는 것은 무엇일까?', '노동3권이 헌법으로 보장된 이유는 뭘까?' 함께 생각해봅시다.

바꿈청년네트워크 노동분과

박혜영(노동건강연대) | 오세연(청년유니온)

유애리(예비 활동가) | 윤지선(손잡고)

이동철(한국노총 법률원 부천 상담소)

1

★

청년 일자리

우리 사회가 직면한 사회적 과제가 무엇인지 묻는다면, 많은 사람들이 '청년 일자리'라고 답할 것입니다. 그만큼 이 문제는 각종 통계가 최악의 수치를 기록하며 그 심각성을 뒷받침하고 있습니다.

통계청에 따르면 2015년 상반기 20대 청년 실업자는 41만 명으로, 관련조사를 시작한 2000년 이후 가장 많은 것으로 나타났습니다. 2009~2010년 33만 명이었던 실업자 수는 2014년 38만 명으로 급격히 증가한 후 계속 늘어나 2015년 상반기 최고치를 기록하게 되었습니다. 하지만 실제 청년 실업자는 100만 명에서 150만 명에 달하는 것으로 추정됩니다. 공식 실업률은 '일할 능력과 취업할 의사가 있는 사람들' 중 실업자 수를 표시하지만 체감 실업률은 아르바이트, 프리랜서, 주 18시간 미만 근로자, 임시 혹은 일용 근로자 등 불완전 취업 상태에 있는 경우와 구직활동 중단자까지 포함되기 때문입니다.

현재 우리 사회가 겪고 있는 청년 일자리 문제는 단순히 단기적인 경기변동에 따른 수요와 공급의 불일치로 인한 것이 아닙니다. 그럼 일자리의 절대적인 양이 부족하여 청년 실업률이 높을까요? 아니, '일자리'는 이미 존재합니다. 청년들의 눈높이가 높아서 혹은 능력과 스펙이 부족해서 생겨난 문제는 더더욱 아닙니다. 다만 그 일자리의 수준이 대체적으로 낮아 노동시장에 신규로 진입하는 청년들이 차마 선택하지 못하고 있는 것입니다. '열심히 일해도 먹고 살기 힘든 시대'인 것이 가장 큰 문제인 것이죠. 드라마 〈미생〉에서 "죽을 만큼 열심히 하면, 저도 가능한 겁니까?"라고 묻는 장그래에게 현실은 어떤 대답을 해줄 수 있을까요? 청년 일자리 문제는 근본적으로 한국사회가 수십 년간 추구해온 성장정책에 대한 결과로서 기존의 '노동체제'가 한계점에 이르렀음을 보여주는 증거이자, 심화되고 있는 불평등의 사회적 증상으로 볼 수 있습니다.

그럼 청년들이 바라는 '좋은 일자리'란 무엇일까요. 먼저 살펴보도록 하겠습니다.

통계의 심각함, 더 심각한 구체적 현실

현재 우리 사회는 청년들이 원하는 괜찮은 일자리를 만들어내지 못하고 있습니다. 정규교육과정을 졸업하고 곧바로 인간다운 삶을 설계할 수 있는 괜찮은 직장으로 취업한다는 것은 이제 옛날 이야기가 되었습니다. 잘 알려진 대로 현재 청년층의 실업률은 7% 이상으로 나타나고 있으며 이는 전체 실업률의 2배에 이르는 수준이죠.

문제는 청년 일자리 문제가 양적인 측면뿐만 아니라 질적으로도 악화되고 있다는 것입니다. 통계청의 경제활동인구조사부가 한 조사를 보면 2014년 8월 현재 비정규직은 852만 명(임금노동자의 45.4%)이고 정규직은 1025만 명(54.6%)입니다. 그러나 사내하청 노동자는 정규직으로 잘못 분류되고, 특수고용노동자는 자영업으로 잘못 분류되고 있어, 실제 비정규직 규모는 50%를 넘어설 것으로 보입니다. 게다가 한국의 비정규직은 대부분 임시근로자거나 임시근로를 겸하고 있어, 다른 나라에 비해 고용이 매우 불안정합니다.[1]

특히 우리나라 전체 비정규직 중 청년 비정규직의 비율은 약 22%인데요, 전체 임금노동자 중 청년 비정규직이 약 9.8%로 임

1 김유선 한국노동사회연구소. 2015.「노동시장 진단과제」.

첫 직장이 1년 이하 계약직인 취업자 비중 추이

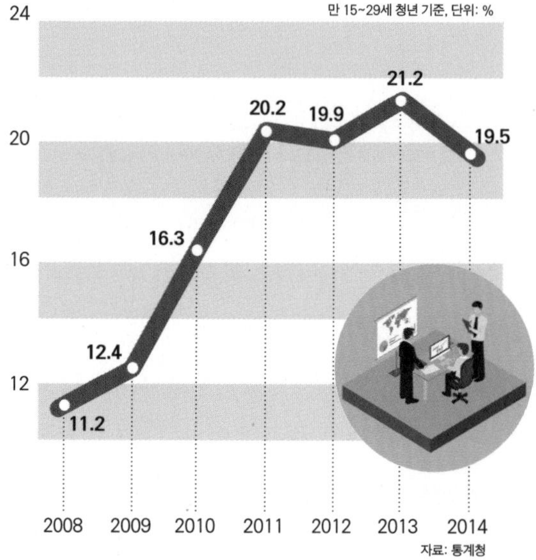

designed by freepik.com

금노동자 열 명 중 한 명은 청년 비정규직임을 알 수 있습니다.[2] 또한 2014년 기준으로 1년 미만의 단기 계약직으로 첫 일자리를 얻어 불안정 노동으로 직장생활을 시작하는 대졸 청년의 비율은 20%를 넘어섰습니다. 2008년에 비해 두 배 이상 높아진 수치입니다.

문제는 통계가 보여주는 현실의 심각함보다도 청년들이 처해 있는 노동현실은 훨씬 더 열악하고 어렵다는 것입니다. 작년 9월 중소기업중앙회에서 일했던 청년은 정규직을 시켜주겠다는 상사의 말에 쪼개기 계약을 강요받고 성희롱까지 참았다가 계약이 해지되자, 스스로 목숨을 끊었습니다. 통신 대기업 LG유플러스에서 악성민원을 담당했던 청년은 매일 악성고객을 응대하면서도 회사의 판매량을 채우지 못하면 퇴근도 못 하기 일쑤였고 급여도 정상적으로 지급받지 못했습니다. 결국 청년은 "노동청에 알려달라."는 유서를 남기고 세상을 떠났습니다. 롯데호텔에서 84일 동안 매일 하루짜리 근로계약서 84장을 작성하며 일했던 청년은 어느 날 갑자기 '계약만료'라며 해고를 당했고, 이를 부당해고로 인정받기 위한 법정 싸움을 진행하고 있습니다.

2 정의당 · 한국비정규노동센터. 2015.「청년 비정규직 현황과 대안」.

무엇이 문제인가

청년유니온은 올해 초 302명의 청년 직장인을 대상으로 「한국형 블랙기업 지표개발 연구조사」를 진행한 바 있는데요. 조사에 참여한 대다수가 100인 미만 사업장에 종사하고 있었습니다. 응답자의 71.9%는 자기 사업장에 취업규칙이 아예 없거나, 있더라도 그 내용을 인지하고 있지 못하다고 밝혔습니다. 10명 중 6명 꼴로 주당 48시간 이상의 장시간 노동을 하고 있었고, 52시간을 초과하는 위법 · 탈법적 노동시간에 노출되어 있는 비율도 10명 중 3명에 달했습니다. 소정근로시간을 초과한 야근 · 주말 근무에 대해 법이 정한 기준에 따라 보상을 받거나 대체휴무를 지급받는다는 답변은 전체 응답자의 14%에 불과했습니다. 응답자의 35% 가량은 사업장 내에서 신체적 · 정신적 · 성적 폭력을 경험한 바 있다고 답했고, 무리한 업무요구, 사생활 침해, 과도한 모니터링 등 부당한 대우를 경험했다고 답한 응답자는 63%나 됩니다. 직장생활에 충분히 적응하지 못한 직원에게 해고 등의 목적을 가지고 고의적인 괴롭힘을 행사하는 것을 목격한 적이 있다고 답한 비율도 42%에 달했습니다.[3]

많은 이들이 청년 일자리 문제를 '실업'의 문제로 등치시키는 경향이 있습니다. 일자리가 부족하니 더 많은 일자리를 창출해야

3 청년유니온. 2015.「청년의 삶을 파괴하는 블랙기업:진단과 해법」.

한다는 접근방식이죠. 그러나 청년 실업이 심각하다는 이 와중에 도 수많은 중소기업들은 인력난을 호소하고 있습니다. 청년들은 일자리가 없다 하고 중소기업은 사람이 없다니, 참 모순된 상황이죠? 애당초 '청년 실업→일자리 창출'이라는 문제의 규명과 접근방식이 잘못되었다는 뜻입니다.

일례로 청년들의 퇴사 이유 중 '근로여건 불만족'의 비율은 2004년 39.4%에서 2015년에는 47.7%로 8.3%나 올랐습니다. '계약기간이 끝났기 때문'이라는 이유도 2004년에는 5.3%에 불과했지만 2015년에는 11.2%로 올랐는데요. 청년 일자리가 나쁜 일자리라는 설명이 설득력을 얻는 부분입니다.[4]

청년 일자리 문제의 초점은 고용의 양이 아닌 질에 있습니다. 한국 자본생태계의 대장 격인 재벌 · 대기업은 비용절감을 위해 기존의 고용을 열악한 일자리로 대체하고 많은 업무를 외주화해서 고용의 책임을 중소기업에 전가했죠. 그리고 역대 정부는 중소기업에 종사하는 저임금 · 불안정 노동자의 처우를 개선하기 위한 노력들을 도외시한 채 대기업의 요구를 제도적으로 뒷받침하는 데 주력했습니다. 청년층을 고용한 기업에게 세액공제를 지원하거나 임금피크제를 도입하면 정부 지원금을 주는 방식 등이죠. 하지만 돌아온 것은 가계와 기업 간의 심각한 소득 불평등, 최악의 사회 양극화였습니다.

4 곽상신 워크인연구소. 2015.「청년 일자리의 실태와 좋은 일자리 확대 방안」.

청년 일자리 문제를 해결한다는 것은 무엇인가?

국제노동기구(ILO)에서는 좋은 일자리의 기준을 다음과 같이 제시하고 있습니다. '품위있는 일, △우리 가족을 부양할 수 있는 일, △자녀교육을 할 수 있는 일, △자신의 목소리를 낼 수 있는 일, △차별로부터 보호되는 일, △안전하고 보호받을 수 있는 일, △생활수준을 높여주는 일, △품위 있게 은퇴할 수 있는 일……."

좋은 일자리를 꼭 짚어 정의할 순 없지만, 정리하자면 생활을 유지할 수 있는 적정 임금이 보장되고, 노동조합 설립이나 의견 개진이 가능한 즉 '노동기본권'이 보장되는 안정된 일자리로 볼 수 있을 것입니다.

문제는 이러한 일자리가 몇 안 되는 대기업 정규직, 공공부문 일자리로 한정되어 있다는 것입니다. 따라서 청년 일자리 문제를 임금피크제, 대기업의 청년 고용 확대 등 정규직 일자리에 대한 논의로 한정하는 것은 대다수 보통의 청년들에게는 별다른 도움이 되지 않습니다. 우리에게 더 중요한 영역은 10%의 상위 일자리가 아니라 나머지 90%에 해당하는 일자리입니다. 따라서 대기업·공공부문으로 불리는 중심부와 중소기업으로 불리는 주변부의 격차를 줄여나가고 주변부 노동시장의 불안정 저임금 일자리를 어떻게 개선할 수 있는지를 최우선으로 고민해야 합니다. 중소기업도 '선택 가능한' 일자리가 되어야 한다는 것이죠. 주변부의 노동조건을 끌어올려 괜찮은 일자리(Decent work)의 폭을 늘리고, 땀 흘려 일한 이들이 정당한 대가를 누리고 삶의 존엄을 지킬 수 있는 일자리를 많이 만들어야 합니다. 이것이 한국사회가 풀어야 할 청년 일자리 문제의 본질입니다.

이러한 관점에서 필요한 개혁의 방향을 예시로 들면 이런 것이 있겠죠.

1 · 대기업과 중소기업 간의 공정한 거래환경을 만들고 중소기업의 안정적인 성장을 촉진하는 생태계를 조성함으로써 괜찮은 일자리가 창출될 수 있는 경제 · 산업 기반 구축

2 · 저임금 노동을 양산하는 '저숙련 · 저부가가치 산업'을 '고숙련 · 고부가가치 모델'로 전환해 나가면서 산업 종사자들의 숙련과 기술을 향상시키고 합당한 처우를 보장

3 · 최저임금을 대폭 인상하여 전반적인 임금수준 향상

4 · 동일가치노동 동일임금의 원칙을 실현함으로써 공정한 임금체계 조성

5 · 잔업 · 특근 등으로 점철된 장시간 노동시간을 단축하여 '일자리 나누기' 실현

6 · 위법과 폭력이 만연하여 청년의 삶을 착취하고 파괴하는 '블랙기업'을 강하게 규제

복잡한 구조적 요인과 다양한 이해관계가 얽혀 있는 만큼, 청년 일자리 문제를 두고 단기간에 효과를 거둘 수 있는 근본적 해법-만병통치약은 존재하지 않습니다. 사회적 합의에 접근하는 과정

에서 수많은 시행착오를 거칠 수밖에 없을 것입니다. 앞서 예시로 든 6가지 정책방향 외에도 경제 · 산업 · 노동 · 교육 · 사회 · 복지의 영역을 망라하는 넓은 시야와 장기적인 안목이 합니다.

2

★

열정을 가지고
참고 견디라고요?

열정페이 : "당신에게 열정이 있으니 돈은 조금만 줘도 되겠죠"

디자이너가 되고 싶었던 A양은 우리나라 대표 디자이너 이상봉 디자이너실에서 인턴으로 일하며 월급 30만 원을 받고 하루 11시간씩, 갖은 허드렛일을 마다않고 했습니다. 함께 일했던 동료들도 견습은 월급 10만 원, 정직원은 최저임금 이하의 수준이었지만 다들 참고 견뎠습니다. 이곳에서 버텨야 유명한 디자이너실에서 일했다는 경력을 쌓고 디자이너로서 한 발을 내딛을 수 있을 것이라 생각했기 때문입니다. 하지만 2개월 후 정직원 전환을 약속 받고 야근, 주말 근무까지 했던 견습생들은 배치 9개월이 된 시점에서야 팀장을 통해 "야, 너 다음달에 정직원 안 되면 그만두는 걸로 알아."라는 말을 들은 후, 결국 일방적으로 해고당했습니다.

미용 디자이너가 되고 싶었던 K군은 하루 11시간, 주 6일씩 일하면서 93만 원의 월급을 받았습니다. 시급으로 계산하면 약 2,730원. 최저임금에도 훨씬 못 미치는 액수입니다. 돈도 돈이지만 미용실 약품으로 인한 피부질환, 하루종일 서 있다보니 생기는 하지정맥류 등 일하면서 발생하는 치료비용도 스태프의 몫이었고 교육비도 자비로 부담해야 했습니다. 그렇지만 참고 견뎌야 했습니다. 디자이너가 되기 전까지 통상 3~4년 정도 이러한 교육과정을 '당연히' 거쳐야 하기 때문입니다.

영화감독이 되고 싶은 L군은 현재 영화 스태프로 일하면서 일주일에 평균 70시간 넘게 일을 하고 월급은 120만 원을 받고 있습니다. 하지만 L군은 그나마 나은 편이라는 말을 들을 정도로 영화계 써드는 월 70만 원, 수습은 월 47만 원 정도의 월급을 받고 있습니다. 서울에서 월세까지 감당해야 하니 생활하기에 턱없이 부족한 수준이라 각종 생활비 대출과 빚에 허덕이고 있습니다. 영화 한 편이 끝나고 조금의 여유라도 생기면 아르바이트를 뛰기도 합니다. 최저임금에 미치지 못하는 임금지급 관행이 만연한 영화계에서는 불만 한 번 토로하기 어렵습니다. 찍히기라도 하면 영화감독의 꿈은 커녕 영화계에서 일하기 쉽지 않기 때문입니다.

'열정페이 계산법'을 들어보셨나요

너는 그림을 잘 그리니까 공짜로 그려줘라. 너는 영상 촬영이나 편집을 할 줄 아니 공짜로 찍어달라. 너는 공연을 하고 싶어하니 공짜로 공연해라. 너는 경력이 없으니 경력을 쌓을 겸 내 밑에서 공짜로 일을 하면서 경력을 쌓아라…….

"열정이 있다, 재능이 있다, 재주가 있다. 그럼 돈을 조금만 줘도 된다."는 것이 열정페이 계산법입니다.

당신에게 열정이 있으니 낮은 보수와 부당한 대우도 감수해야 하지 않겠냐는 '열정페이'는 현장 전문가를 따라다니며 일을 보고 배울 수 있는 기회를 제공한다는 명목으로 견습생, 스태프, 인턴 등 각 분야마다 다양한 이름으로 불리는 '교육생'들에게 잡무를 강요하는 양상으로 나타나고 있습니다. 특히 영화, 예술, 디자인, 미용 분야 등 이른바 '도제식 교육'의 관행이 남아 있는 분야에서 집중적으로 나타나고 있고 최근에는 공공기관, 국회에서도 급여 항목에 '무급'을 명시하는 열정페이가 드러나기도 했습니다. 유엔에서 6개월간 무급 인턴 생활을 버티다 끝내 사직한 뉴질랜드 한 청년의 사연이 알려지면서 '유엔 무급 인턴'이 도마에 오르기도 했습니다.

이력서 한 줄을 만들기 위한 스펙 노동

"열정페이를 없애려면 취업난부터 해소해야 해요. 취업이 안 되니까 이렇게라도 경력을 쌓으려는 거죠."

"기업에서 '경력직 신입사원'을 찾잖아요. 그러다보니 경력을 쌓으려면 페이가 적더라도 버텨야죠."

"정부가 먼저 이런 걸 단속하고 법적으로 청년의 인권과 권리를 지켜줘야죠."

열정페이'는 취업이 인생의 목표가 된 청년세대의 절박함을 악용하여, 스펙과 역량, 경력을 준다는 빌미로 청년들의 노동을 착취했다는 점에서 공통점이 있습니다. 청년들이 안정적 일자리에 진입하기 위해 필요한 역량과 경력을 쌓고자 하지만, 노동과 교육의 성격이 혼재되어 있는 '과도기 노동'의 영역에서 인턴, 수습, 현장실습 등의 명목으로 교육이라 할 수 없고, 경력도 될 수 없는 일을 시키며 청년들을 정당한 대가 없이 착취하는 사례들이 갈수록 증가하고 있는 것이죠. '인재가 미래'라는 말을 하는 사람은 많은데, 정작 끊임없이 확대되어가는 '열정페이'를 규제하는 법과 제도가 마련되지 않은 빈틈에서 청년들의 '이름 없는 노동'은 끊임없이 상처로 남고 있습니다.

이와 같은 '열정페이'의 배경에는 2000년대 이후 급속도로 악화된 청년 일자리 문제와 기업의 경력직 선호 현상이 맞물리면서

READY
R WORK
READY
FOR WORK
READY
FOR WORK
READY
FOR WORK
READY
FOR WORK
© 연합뉴스

스펙 형성에 대한 청년층의 수요가 늘어나게 된 것이 한 이유가 될 수 있습니다. 있는데요, 청년들에게 취업으로 이어지는 통로가 좁아지고 이들에게 요구하는 기업의 눈높이가 높아지면서 교육과정과 노동시장의 경계에 인턴, 현장실습, 수습, 견습, 교육생 등의 명목으로 과도기 노동영역이 광범위하게 형성되고 있는 것입니다. 이 과정에 무급인턴으로 상징되는 단기간의 체험형 인턴십도 확산되었죠.

게다가 현재 우리의 제도는 직업교육훈련과 노동을 별개로 다루고 있고, 인턴, 수습 같은 성격이 애매한 노동의 형태 속에서 청년들은 제도에 의한 명확한 규정과 보호 없이 사각지대에 남겨지게 된 것입니다.

열정페이 해법

2015년 초 청년유니온과 패션노조 등은 이상봉 디자이너를 패션업계 청년착취대상으로 선정한 바 있습니다. '오랜 세월 동안 견습 월급 10만 원, 인턴 월급 30만 원, 정직원 최저임금 이하 채용과 같은 창의적인 방식으로 패션계에 갓 진입한 청년들의 열정과 노동을 마음껏 착취해온 점을 높이 평가'해 '2014패션업계 청년착취대상'에서 압도적인 1위에 오르게 되었죠. 그리고 지금까지 청년단체와 패션디자인업계 · 정치권이 '열정페이' 문제 해결을 위한 공동협의회를 구성하고 패션업계 청년들의 저임금 문제와 근로기준법 위반 문제를 사회적 대화로 해결하려는 실험을 진행하고 있습니다.

다른 나라에서는 어떻게 문제를 풀어가고 있는지 살펴볼까요?

미국은[5] 인턴제를 최초로 도입한 국가입니다. 미국은 민간기업이 주도하는 교육훈련 · 직업체험형 인턴 모델이 광범위하게 활용되고 있고, 연방대법원 판례와 노동부 고시를 통해 무급인턴 사용에 관하여 다음과 같은 6가지 기준을 제시하고 있죠. 판례와 미국 노동부의 6가지 기준은 모든 조건을 만족시키지 못할 때는 근로자로 보며 노동법이 규율하는 노동조건의 최소기준을 충족시켜야 한다는 것을 핵심적인 내용으로 삼고 있습니다.

1 · 인턴십이란 그 일이 비록 사용자의 시설을 실제로 작동하는 것이라 할지라도 교육환경(과정) 속에서 제공되는 훈련과 유사한 것이어야 함.

2 · 인턴십 경험은 인턴의 이익을 위한 것이어야 함.

3 · 인턴이 정규 근로자의 일을 대체(displace)하는 것이 아니고, 기존 직원의 면밀한 감독(close supervision) 하에 수행되는 것이어야 함.

4 · 훈련기회를 제공하는 사용자가 인턴의 활동으로 인하여 어떠한 직접적 이득도 얻어서는 안 됨. 그리고 인턴의 활동으로 인

5 청년유니온. 2015. 3. 19.「무급인턴, 열정페이 논란을 통해 본 청년 과도기 노동실태」.

해 때로 그 일에 종종 지장이 초래될 수도 있는 것이어야 함.

5 · 인턴 기간이 종료될 때 인턴으로 일했던 그 일에 반드시 채용되는 것은 아니어야 하며 동시에,

6 · 사용자와 인턴이 공히 그 인턴십 기간에 임금이 주어지지 않는다는 사실을 이해하고 있어야 함.

프랑스[6]에서는 공공기관(교육기관)과 민간기업이 협력하여 청년층의 직업숙련도를 도모하는 현장실습(수습) 모델과 민간기업이 주도하는 인턴 모델이 공존하고 있는데요, 이들 수습(인턴) 노동자에 대한 권리보호를 위한 법률이 제정되어 있습니다.

1. 인턴(수습)기간의 최대한도를 6개월로 제한함

교육법에도 동일한 조항이 있었는데 예외가 인정되었음. 이 법 개정 이후 2년 내에 시행령을 통해 6개월 이상 인턴(수습)을 사용할 수 있는 경우가 구체화될 예정임

2. 보수의 인상

2개월 이상 일한 인턴(수습)에 대한 임금의 최저한이 사회보장급여의 15% 이상, 금액기준으로는 2014년 기준 523.26유로(약 70만 5600원)로 인상됨

6 청년유니온. 2015. 3. 19.「무급인턴, 열정페이 논란을 통해 본 청년 과도기 노동실태」.

3. 인턴 사용의 제한

인턴 사용 남용의 방지를 위하여 한 회사가 사용할 수 있는 인턴(수습)의 숫자를 제한할 예정임. 구체적인 기준은 2년 내에 제정될 시행령에서 규정될 예정이지만, 상용직원의 10% 이내에서 결정될 것으로 전망되고 있음

4. 근로감독의 강화

인턴 사용과 관련하여 근로감독을 강화하고, 벌칙도 강화함. 관련 규정을 어겼을 경우 인턴(수습) 근로자 1인당 벌금을 2,000유로로 하고, 반복하여 어길 경우에는 최대 4,000유로까지 증액할 수 있도록 규정함

5. 임금대장에 인턴을 기재함

인턴(수습)의 임금을 정규 직원과 동일한 임금대장에 별도항목으로 기재토록 의무화함

6. 산업재해에 대한 사용자 책임을 강화함

회사의 부주의나 무관심으로 인하여 수습(인턴) 근로자에게 산업재해가 발생했을 경우 회사가 책임지도록 하고, 학생을 파견한 학교의 책임은 면해줄 수 있도록 규정함

"젊음은 살 수 없어도 젊은이는 헐값에 살 수 있나보다."라는

한 유명인의 말처럼 청년을 헐값에 부려먹는 기업의 나쁜 심보와 이를 사실상 묵인하는 현 시스템 속에서 여전히 많은 청년들이 '열정페이'를 감수하고 있습니다.

청년들이 안정적으로 노동시장에 안착할 수 있도록 지원하는 교육훈련 시스템이 정비되고 기본적인 노동권을 보호할 수 있는 법과 제도가 하루빨리 만들어져야 합니다. 특히 청년의 절박함을 악용하는 기업들을 강력하게 규제해야 합니다.

3

★

당신의 노동은 얼마입니까?

임금의 사전적 정의는 '근로자가 노동의 대가로 사용자에게 받는 보수'입니다. 대한민국에서 가장 높은 노동력 상품을 자랑하는 집단은 기업임원들입니다. 고용정보원의 '재직자 조사 결과' 평균 연봉 약 1억 2000만 원으로 임금 베스트 10중 1위에 올랐네요. 그럼 가장 낮은 평가를 받은 집단은 어디일까요? 청소원입니다. 연봉 약 1200만 원으로 워스트 1위입니다. 둘 사이의 몸값의 격차가 아득하네요. 노동력은 그 일을 하는 사람과 떼려야 뗄 수 없습니다. 그러다 보니 우리는 쉽게 한 사람의 임금을 그 사람의 인격이나 사회적 기여도와 동일시하는 우를 범하기도 하죠.

그러나 언제나 이 등식이 성립하는 건 아닙니다. 여기 좋은 예가 하나 있습니다. 서울시 중구청 청소위생과에서 월 80만 원을 받으며 공공근로를 하는 청소노동자 12명이 있었는데요. 이들은 4년간 간식비로 쓸 수 있었던 돈 약 1300만 원을 모아 어려운 이웃을 위해 기부했습니다. '땅콩회항' 사건으로 유명한 조현아 전 대한항공 부사장을 기억하실 겁니다. 대한항공의 사업보고서를 통해 살펴본 당시 그녀의 연봉은 약 8억 원이었습니다. 단순하게 12개월로 나누면 한달에 6600만 원으로 청소노동자에 비하면 약 80배가 높네요. 그런데 억대 연봉을 자랑하는 그녀는 승무원의 서비스에 불만을 표시하며 항공기를 자기 멋대로 회항시켜 사회적 논란을 일으켰지요. 몸값 워스트 1위 청소부가 따뜻한 마음으로 사회에 공헌한 데 반해 수억 원 몸값의 조현아 전 부사장의 패악질은 세상을 경악시키고 기업과 국가의 가치를 계산할 수 없을 만큼 추락시켰습니다.

내 한 시간이 캐러멜 마끼아또보다 못하다고?

"시급을 생각하면 나의 한 시간 노동이 커피 한 잔 값이구나 하는 생각이 들어요."

대형 할인점에서 일하는 정미화(54 · 여) 씨. 입사 7년차인 그녀의 시급은 2014년을 기준으로 5,750원이었습니다. 2014년 최저임금 5,210원보다는 '쬐끔' 높았죠. 하루에 8시간 30분을 일하고도 4대 보험료를 공제하고 나면 월급은 한 달에 100만 원 남짓입니다. 당시 커피전문점 스타벅스의 캐러멜 마끼아또 한 잔 가격은 5,400원으로 미화 씨 시급에 육박합니다.[7] 장사를 그만둔 남편이 일용직으로 간간이 돈을 벌지만 고정수입이 없기 때문에 사실상 그녀가 가장인데요. 미화씨는 월급 중 아파트 임대료와 관리비로 20만 원, 초등학교 6학년 아들의 수학학원 수강료와 방과후 수업비로 30여만 원을 씁니다. 나머지 50만 원으로 한달을 살아내야 합니다.

같은 대형마트 제과 코너에서 일하는 오재본(36 · 여) 씨는 아직 결혼 전입니다. 하루에 8.5시간을 일하는 재본 씨의 월급 역시 미화 씨와 비슷합니다. 재본 씨는 결혼해 자녀를 둔 미화 씨보다는 생활경제에 대한 부담이 덜 합니다. 그러나 그 역시 이 월급으로 한 달을 꾸려가기는 빠듯하죠. 휴일에 장을 보러 나가 과일이며 생필품, 그리고 반찬 몇 가지를 집었을 뿐인데 10만 원을 훌쩍 넘긴다네요. 휴대전화비와 공과금 20만 원도 고정적으로 빠져나갑니다. 그렇게 한 달 월급의 30%가량이 빠지고 나면 전세자금대출 이자가 입을 벌리는데요. 가끔 화장품이나 유행에 맞게 옷이라도 장만할 때는 정기적금이나 저축을 포기해야 합니다. 재본 씨에게 앞으로 닥칠 가장 중요한 일인 결혼을 준비하기 위해서도 착실하게 돈을 모아야 하는데 그게 마음처럼 쉽지가 않습니다.

7 "개그우먼 김지민 시급, 캐러멜 마끼아또 한 잔 값?". 2014. 6. 27. 오마이뉴스.

자본주의 사회에서는 미화 씨나 재본 씨처럼 누구나가 자신의 노동력을 팔아야 생계를 유지할 수 있습니다. 물론, 금수저를 물고 태어난 소수의 자산가들은 물려받은 자산을 활용해 노동하지 않고도 이자수입이며 배당수입으로 떵떵거리고 삽니다. 그러나 대다수 사회구성원들은 노동자로서 노동력을 팔아 임금을 생계수단으로 삼아 삶을 살아갑니다. 때문에 임금의 수준이 최소한의 품위 있는 삶을 유지하는 정도는 되어야겠지요.

그러나 우리나라의 현실은 전혀 그렇지 못합니다. 정 씨와 같은 저임금 노동자들은 생계를 위해 법이 정한 근로시간을 훌쩍 넘겨 무리하게 일할 수밖에 없습니다. 자연스레 노동자의 건강은 축나고 가족 간의 여유로운 시간은 위협받죠. 20대와 30대 사이에서 '헬조선'(살아가기가 지옥 같은 대한민국)이라는 말이 괜히 나오는 게 아닙니다. 모두 한국사회 노동자의 저임금과 밀접하게 연관되어 있어요. 삼포세대(연애, 결혼, 출산을 포기한 세대)가 오포세대(인간관계와 주거까지 포기)가 되고, 칠포세대(희망직업과 꿈까지 포기)가 되는 것처럼 말이에요.

노동자들 대다수는 최소한의 품위 있는 생활을 포기해야 할 임금수준에 한번 좌절합니다. 그리고 소득불평등에 또 한번 절망하지요. 특히 우리나라에서는 임금불평등이 심각합니다. 경제적으로 중상위 이상의 국가가 속한 OECD(경제협력개발기구)라는 국제기구의 통계 중 저임금 노동자 비율을 살펴볼까요? 두 번째로

대한민국 저임금 노동자 수와 소득수준

저임금 노동자 수: 전체 정규직 노동자 수의

25%

소득수준: 195만원 $\times \frac{2}{3}$ = *130만원*

(정규직 임금노동자 중위소득)

designed by freepik.com

높습니다. OECD는 전일제 노동자 임금의 3분의 2 이하를 저임금으로 정의하는데요. OECD평균 저임금 노동자 비중이 약 16%인데, 우리나라는 25%에 달하지요.[8]

다음은 임금불평등 지수. 잠깐, 여기서 '임금불평등 지수'란, 각 나라의 임금수준을 10분위로 나누어 상위 10%의 비율을 하위 10%의 비율로 나눈 것을 말합니다. 경제사회발전노사정위원회가 발간한 「2014년 임금보고서」에 따르면 우리나라의 경우 임금불평등지수는 4.7배로 이는 OECD 평균 3.6배보다 높고 미국과 이스라엘 다음으로 그 수치가 높답니다(3등인 건가요?). 알다시피 임금불평등은 경제 양극화로 이어지고 저임금 노동자들은 생계불안에 시달리게 됩니다. 경제 정의에도 어긋나고 사회통합에도 해가 되죠. 악순환이에요.

'헬조선'의 늪, 탈출할 수 있을까?

저임금에서 벗어나기 위한 방법은 뭘까요? 노동력의 수요와 공급에 따라 임금이 결정된다는 시장의 논리를 철저히 따르자면 개인의 노동력 상품의 가치를 높이는 게 맞습니다. 스펙 쌓고, 자격증 따고, 채용공고에 나오는 '인재상'으로 스스로를 갈고 닦는 거죠. 그러나 이건 어디까지나 시장의 룰이 공정하다는 전제에서나 가

8 "제자리 월급, 아빠는 저임금 노동자", 2015. 5. 2. KBS2 추적 60분.

최저임금은 누가 결정하는가

1. 최저임금결정

최저임금을 결정하는 최저임금위원회 구성(사용자, 근로자, 공익위원 각 9명씩 총 27명)과 결정과정(고용노동부 장관의 요청으로 매년 6월 29일까지 내년도 최저임금 결정/ 각계 대표가 최저임금액 제시 최저임금위원들의 투표로 결정 지난 10년간 재계는 동결 혹은 삭감을 주장하는 등 최저임금의 기능을 무시해옴)

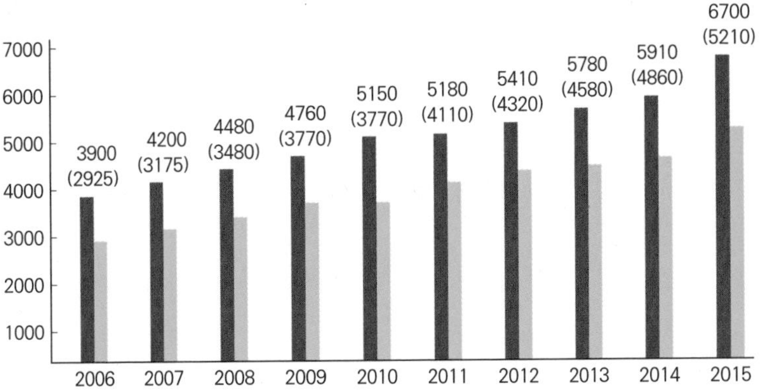

2.최저임금 계산법

최저임금에 해당하는지 알고 싶다면 최저임금 계산시 적용되는 임금총액(기본급, 직무 · 직책수당 등/ 식대나 가족수당 연장 · 휴일근로수당은 제외)을 월 소정근로시간(1일 8시간 주 5일 근무시 월 209시간)으로 나누어 나온 시급이 그해 최저임금에 미달하는지 살피면 됨

3. 최저임금 위반시 대응요령

· 최저임금법 제 6조에 따라 사용자는 법이 정한 최저임금액 이상을 지급해야 함. 보통 아르바이트를 쓰는 편의점 사장들이 아르바이트 노동자와 합의했다는 이유로 최저임금에 미달하는 시급을 주는 경우, 명백한 최저임금법 위반으로 무효!

· 사용자가 최저임금법 6조를 위반하여 최저임금에 미달한 임금을 지급한 경우 3년 이하의 징역 또는 2천만 원 이하의 벌금.

· 최저임금에 미달한 차액은 체불임금으로 3년 이내에 청구가능. 사용자가 최저임금 차액 청구를 무시하고 버팅기면? 관할 고용노동지청에 사용자를 최저임금법 위반으로 진정 · 고소.

· 도움이 되는 사이트: http://www.minimumwage.go.kr

능합니다.

안정적 임금과 복지를 보장하는 공공기관과 대기업의 '질 좋은 일자리'는 전체 일자리의 10% 남짓입니다. 이마저도 정치권력자나 재벌이 세습하며 시장을 왜곡하며 소수가 독점하고 있습니다. 우리나라는 서울대 정시 모집에서 합격자 10명 중 7명이 강남 3구 출신인 교육불평등의 사회이니까요. 그뿐인가요. 기술발전으로 노동자들은 첨단기계에 밀려나고, 세계화 이후에는 임금이 싼 이주노동자가 자국의 노동자를 대체하는 시대가 되었습니다. 나는 아니라고 하지만 결국, 취업준비생 대다수는 최저임금 언저리에서 첫 일자리를 마주합니다. '설마 내가 최저임금을 받겠어?' 하는 마음이 든다면, 고이 접어두시길. 경제양극화 속에서 전체 노동자 중 최저임금을 적용받는 노동자의 수는 2016년에 약 1800만 임금근로자 중 340만 명(18.2%)이 될 전망이니 말이죠. 자, 이래도 나만은 노력하면 고임금의 화이트칼라 전문직이 될 수 있다고 믿으시겠습니까?

해결책은 간단합니다. 최저임금수준의 일자리밖에 없다면, 국가가 노동자의 생활안정이 보장될 수 있도록 최저임금을 획기적으로 인상하는 것이 대안이 될 수 있습니다. 최저임금은 성인 저임금 노동자뿐만 아니라 아르바이트 노동을 하는 10대나 대학생들, 동시에 파트타임으로 일하는 여성가장이나 '제대로 된 직장'을 얻지 못한 청년이나 가장들의 주된 소득원이에요. 개인의 스펙을 높여 바늘구멍의 대기업 취직을 희망하는 것보다는 집단의 힘으로 최저임금과 사회보장을 높여 안정적 노동환경을 만드는 게 저임금 노동시장을 탈출하는 합리적 선택이 될 수도 있습니다.

'재벌사장님들의 재산으로 알바를 구하라'

2014년 4월, 서울의 한 고급호텔에서 한국경영자총연합회(경총)이 주최한 포럼이 열렸어요. 고용노동부 장관과 일자리 창출의 열쇠를 쥔 국내 대기업 경영자들의 대표가 경제위기 극복을 위해 모였지요. 그런데 청년 10여 명이 갑자기 이 성스러운 행사장에 난입해 피켓을 들었습니다. 최저임금을 1만 원으로 올리라는 것이 이들의 요구였습니다. 당황한 경총 회장과 고용노동부 장관의 표정이 실린 사진이 긴급 속보로 그날 언론을 장식했죠. 최저임금1만원운동의 시작이었습니다. 매년 최저임금을 두고 노동계를 대표해 사용자 단체인 경총과 대립각을 세우는 것은 한국노총과 민주노총 등 기존 노동단체인데요. 2014년부터는 아르바이트 노동자들로 구성된 '알바노조'나 세대별 노동조합인 청년유니온 등 최저임금의 당사자들이 직접 나서기 시작했어요. 최저임금의 당사자들이 자기주장을 하기 시작한 겁니다.

최저임금 1만 원 주장은 2013년 당시 최저임금 4,860원의 두 배도 넘는 액수였다는 점에서 신선한 충격이었죠. 물론 경총은 이들의 주장을 허무맹랑하다 비웃으며 무시했고, 노동계 일각에서도 선언적 주장 이상으로 받아들이지 않았지만요. 그런데 말입니다. 최저임금1만원운동이 터무니없는 주장일까요? 2014년 기준 OECD 최저임금 평균은 약 7.1달러입니다. 최저임금 1만 원을 주장하는 이들은 "한국 경제규모가 OECD국가들의 평균을 넘어서고 있는 만큼 최저임금도 OECD평균 이상이 되어야 한다."고 주장하죠. 실제 통계청이 발표한 34세 이하 단신가구의 최저생계비는 월 187만 원인데 이를 시급으로 환산하면 9,000원 정도가 됩니다. 여기에 물가인상률 등을 반영하면 최저시급이 1만 원이 돼죠. 어때요, 충분히 타당하지 않나요? 결국 2015년부터는 민주노총과 한국노총이 함께 하는 최저임금 1만 원 위원회가 꾸려졌고 이들 청년들의 주장은 노동계의 공식적 요구가 됐습니다. 그런데 이들이 왜 재벌 회장님들 재산으로 최저임금을 1만 원으로 올리라고 외쳤을까요? 재벌 대기업이 노동자들의 기여로 막대한 부를 쌓아놓고도 비정규직을 남발하며 고용창출이라는 사회적 책임은 외면하는 낯두꺼운 행태 때문입니다.

헬조선에 내려진 동아줄, 최저임금1만원운동부터 생활임금제도까지

최저임금에 더해 지난해 총선에서는 '생활임금'이 이슈로 떠오릅니다. 생활임금은 노동자의 최소한의 삶을 보장하기 위해 마련된 최저임금이 제 기능을 하지 못하자, 이를 보완하기 위해 문화와 교육 등에 필요한 노동자들의 생계비를 고려해 책정한 임금을 말해요. 현재는 부천시와 성북구, 노원구 등 민주당 소속 지방자치단체(새누리당이 지자체장인 경기도에서도 실시)에서 '조례'라는 법을 만들거나, 지방자치단체장의 '행정명령'을 통해 해당 지방자치단체가 고용하는 노동자들에 한해 적용되고 있지요. 안타깝게도 생활임금제도는 공공부문과 생활임금을 지지하는 자치단체에 한정되어 있어요. 민간 회사에 다니는 수많은 최저임금, 저임금 노동자들, 그리고 새누리당이 다수를 차지하는 지방자치단체 노동자에게는 아직 꿈같은 이야기죠.

그러나 생활임금이 점차 민간으로 확산되어 간다는 반가운 소식이 들립니다. 성북구에서 민간사업장인 한성대와 성신여대가 청소, 경비 노동자에게 생활임금을 적용하기로 성북구와 업무협약을 맺었답니다. 구청 소속 저임금 노동자들에게 생활임금을 적용한 결과, 회사에 대한 만족도나 서비스가 올라간 성과가 부러웠던 것인데요. 성북구는 이 같은 성과를 살려 "올해 말까지 성북구내 8개 대학, 백화점과 같은 대형 유통매장, 50인 이상 기업으로까지 생활임금을 확대시키겠다."는 포부를 밝혔어요.[9] 시장임금이 노동자의 최소한의 생계를 책임지지 못하는 상황에서 이처럼 최저임금1만원운동과 생활임금시행은 '헬조선'에 사는 대다수 저임금 노동자, 그리고 아르바이트, 비정규직등 불안정 노동

9 "최저임금으론 혼자 살기도 어려워……민간기업까지 '생활임금' 적용 필요". 이경주 기자. 2015. 7. 15. 서울신문.

자에게는 숨통이 트이는 대안이 되고 있습니다. 무엇보다 이러한 성과들은 그냥 얻어진 것이 아니라 바로 노동자의 적극적 요구가 만들어낸 노력의 결과라는 것을 기억했으면 합니다.

4

★

우리가 가진 몇 안 되는 비빌 언덕, 4대 보험에 대하여

우리는 일을 하다가 각종 사고를 겪기 쉽습니다. 회사 계단에서 넘어져 다리를 삐끗하거나, 감자를 튀기다가 화상을 입기도 하고, 사무직은 손목과 뒷목 등에 늘 통증을 달고 삽니다. 또 어떤 사람은 기업의 인사관리 시스템이 비인간적이라 결국 정신과 치료를 받았습니다. 일하다 사고를 당하고 병을 얻게 된 사람들은 치료를 받아야 합니다. 누군가는 충분히 쉬어야 하고, 누군가는 재활 치료도 받아야 합니다. 그런데, 일을 하는 우리 대부분은 자신의 생계를 책임지는 사람들이라 그렇게 하는 게 쉽지 않습니다.

요즘엔 정규직 일자리를 구하기가 어렵습니다. 계약직이기 일쑤고, 해고도 손쉬운 분위기입니다. 6개월, 1년짜리 계약직 일자리들이 넘칩니다. 미래를 차곡차곡 쌓아가기엔 불안정한 조건이 주변을 둘러싸고 있습니다. 이럴 때 알아두면 좋은 제도가 있습니다. 보통은 4대 보험이라고 불리는 산재보험, 고용보험, 건강보험, 국민연금입니다.

4대 보험에 가입하려면

월급 명세서를 보면 4대 보험료가 공제되어 있습니다. 한국에서 노동자로 살아가는 사람들에게 빠짐없이 적용되는 사회보장제도. 알바 노동자도 마찬가지, 누군가에게 고용되어 월급을 받고 일을 하는 사람이라면 의무로 가입해야 합니다. 이 경우, 노동자가 신경쓰지 않아도 사업주에게 신고의무가 부과됩니다.

일용노동자 및 시간제노동자의 국민연금과 건강보험은 '근로계약'이 1개월 이상이고, 월 60시간 이상 일을 하게 될 경우 가입대상이 됩니다. 고용보험은 일을 하기로 약속한 시간이 월 60시간 이상(주15시간 이상)이라면 가입대상입니다. 산재보험은 1인 이상을 고용하는 사업주라면 누구나 가입해야 합니다.

4대 보험은 일을 시작하는 시점부터 적용을 받게 됩니다. 혹시, 4대 보험에 가입하기 싫다고요? 받는 월급에 비해 내는 보험료가 많다는 생각에 사업주와 합의 하에 4대 보험 신청을 안 하기도 하는데요. 그건 불법이랍니다. 주 15시간, 월 60시간 일하는 노동자라면 누구나 4대 보험의 적용을 받게 되는 것이죠. 만약, 사장이 4

대 보험 가입을 안 한 채로 일을 시켰다면 어떻게 될까요? 그래도 노동자는 4대 보험을 신청할 수 있습니다. 예를 들어, 일을 하다가 사고를 당하게 되었다면, 사업주의 신고 여부와 상관없이 신청을 할 수 있습니다.

4대 보험은 어떻게 구성되어 있는가

국민건강보험(의료보험)

일상생활에서 우연히 질병 · 사고 · 부상 등이 발생하여 짧은 기간에 고액의 진료비를 지불하게 되면서 가계가 어려움에 처하는 것을 막기 위해, 보험원리에 의거하여 국민들이 평소에 보험료를 내고 이를 기금화하여 보험사고가 생겼을 경우 보험급여를 지불하여 국민 서로가 위험을 나눠 부담하고 의료서비스를 제공받도록 하고 있다.

[네이버 지식백과] 국민건강보험 [國民健康保險, national health insurance] (시사상식사전, 박문각)

지역가입자와 직장가입자로 분리되는 의료보험제도에서 노동자는 큰 축을 담당하고 있습니다. 다만, 고용기간이 1개월 미만인 일용노동자, 동일한 근무현장에서 1개월간 20일 미만의 근로를 제공한 경우, 월 소정 근로시간이 60시간 미만인 단시간노동자는 가입 적용 제외 됩니다.

국민연금보험

정부가 직접 운영하는 공적 연금 제도로, 국민 개개인이 소득 활동을 할 때 납부한 보험료를 기반으로 하여 나이가 들거나, 갑작스런 사고나 질병으로 사망 또는 장애를 입어 소득활동이 중단된 경우 본인이나 유족에게 연금을 지급함으로써 기본 생활을 유지할 수 있도록 하는 연금제도를 말한다.

[네이버 지식백과] 국민연금 [國民年金, national pension] (행정학사전, 2009. 1. 15., 대영문화사)

국민연금 가입 대상은 국내에 거주하는 만 18세 이상 만 60세 이하의 국민으로, 사업장 가입자, 지역 가입자, 임의계속 가입자로 나뉩니다. 1인 이상 사업장에서 일을 한다면, 당연히 국민연금의 가입자가 되겠죠? 만약 일용노동자로 1개월 미만의 기간을 정하여 일하거나, 매달 일하기로 한 시간이 60시간 미만인 노동자도 적용 제외 됩니다.

고용보험

전통적인 실업보험제도는 실직된 노동자의 생활안정을 위하여 실업급여를 지급하는 소극적 노동시장정책으로 도입되었으나, 고용보험제도는 실직노동자의 생활안정과 함께 고용촉진 및 실업예방을 목적으로 하는 적극적 노동시장 정책으로 전환하여 다양한 보험사업을 실시하고 있다.

[네이버 지식백과] 고용보험 [The Employment Insurance, 雇傭保險] (한국민족문화대백과, 한국학중앙연구원)

고용보험은 만 65세 이후 고용되었을 경우, 매달 일하기로 한 시간이 60시간 미만(주 15시간 미만 포함)인 경우는 적용 제외 되나, 생업을 목적으로 3개월 이상 일을 한 경우는 가입대상이 됩니다.

산재보험
일자리가 늘어남에 따라 발생하는 각종 사고와 재해에서 노동자를 보호하기 위해 1964년에 도입된 우리나라 최초의 사회보험제도를 말한다. 산업재해로부터 노동자를 보호하기 위해서는 산업재해 자체를 예방하는 것이 가장 바람직하나, 이미 발생한 산업재해로 인해 부상 또는 사망한 경우 그 피해 노동자나 가족을 보호, 보상해 주기 위한 사회적 제도도 반드시 필요하다. 산재보험은 산재 노동자와 그 가족의 생활을 보장하기 위해 국가가 책임을 지는 의무보험으로 원래 사용자의 근로기준법상 재해보상 책임을 보장하기 위해 국가가 사업주로부터 소정의 보험료를 징수해 그 기금(재원)으로 사업주를 대신해 산재 노동자에게 보상해주는 제도다.

산재보험을 제외한 3개의 보험은 사업주와 노동자가 절반씩 부담합니다. 산재보험은 사업주가 보험료의 전체를 납부하기 때문에, 만약 월급명세서 상에 산재보험 부담분을 제외했다면? 당장에 사업주에게 돌려달라고 요청해야 합니다! 내가 내는 4대 보험료가 정확한지 알고 싶다면, '4대 보험 정보연계센터' 홈페이지에서 직접 계산해볼 수 있습니다.

고용보험과 산재보험

이 글에서는 우리에게 친숙한 의료보험이나, 나이 들어 받게 될 국민연금 보험을 제외하고, 살면서 줄기차게 만나게 될 고용보험과 산재보험 제도에 대해 간단하게 알려드리려고 합니다.

1 · **고용보험**

실업급여라는 말을 들어보셨나요? 고용보험의 가장 대표적인 정책 중 하나입니다. 일을 하다가 예상치 못하게 직장을 잃거나 계약기간이 만료되는 등의 경우, 국가에 일정 기간 동안 실업급여를 신청하면 정해진 액수의 급여를 받을 수 있는 제도입니다. 고용보험에서는 실업급여만 잘 알아둬도, 살아가는 데 많은 도움이 될 거예요.

연령 및 가입기간	1년 미만	1년 이상 3년 미만	3년 이상 5년 미만	5년 이상 10년 미만	10년 이상
30세 미만	30일	90일	120일	150일	180일
30세 이상~ 50세 미만	90일	120일	150일	180일	210일
50세 이상 및 장애인	90일	150일	180일	210일	240일

실업급여를 받으려면, 어느 정도의 조건이 필요해요. 가장 중요한 조건은, 회사에서 3개월 이상의 임금체불이 있는 경우, 정년 도래, 계약만료, 회사가 왕복 4시간 거리 이상으로 이사를 가게 되는 경우 등 자발적 사유가 아닌 이직이어야 해요. 개인사정으로 이직한 경우에는 고용보험을 받을 수 없답니다. 예외적으로 몸이 안 좋아 업무수행이 불가능한 경우에 실업급여를 신청할 수

있는데, 의사의 소견이 필요합니다.

만약에 고용보험을 신청하려 했더니 회사에서 가입을 안 했다는 사실을 알게 되었다면? 근로계약서, 통장사본 등 근무를 증명할 수 있는 모든 서류를 챙겨서 관할 고용센터로 찾아가세요. 피보험 자격확인을 청구해볼 수 있습니다. 기억하시죠? 4대 보험 가입은 사업주의 의무라고. 모르는 것이 있을 때는 언제든지 고용센터에 전화해서 도움을 요청하는 것이 최선이라는 사실도 잊지 마세요!

2 · 산재보험

50년 전 한국사회는 매우 바빴습니다. 누군가는 잠이 안 오게 하는 약을 먹으면서까지 일을 해야 했습니다. 위험한 일 또한 정말 많았죠. 고속도로 공사를 하면서 얼마나 많은 사람들이 죽었는지 아느냐는 질문이 있을 정도였으니까요. 회사가 각각의 노동자에게 보상을 하는 일은 쉽지가 않습니다. 민사소송까지 가야 하는 경우도 있고, 충분한 보상을 하지 않는 경우가 많으니까요. 언제나 노동자들은 그걸 따라다니면서 대응하기 어렵습니다. 그래도 경제는 빠르게 돌아가야 했기 때문에, 산재보험이 한국 최초 사회보험으로 들어오게 됩니다. 사업주들이 보험료를 내서 재원을 만들고, 사회적으로 관리하며 노동자들의 안정된 치료와 복귀를 책임지도록 하는 제도이지요.

산재보험은 크게 병원비(요양급여)와 치료받는 기간 동안의 임금의 일부(휴업급여)가 있습니다. 일단 병원 치료를 받고, 그 비용을 청구하는 것이지요. 휴업급여는 받던 임금의 70%를 치료받는 동안 보장받게 됩니다. 만약 일을 잃은 상태라면, 휴업급여는 생계에 엄청난 도움을 주겠지요. 아쉽게도 산재보험은 건강보험처럼 자동으로 접수되지는 않습니다. 따로 산재신청을 해야 하는데, 그 과정에서 많은 어려움이 발생합니다.

산재보험은 직접 신청을 해야 합니다. 병원의 원무과에서도 신청을 도와주고 있지만, 헷갈리는 경우에는 전문가와 상담을 통해 체계적으로 신청할 것을 권합니다. 산재신청서는 '최초요양급여신청서'라는 어려운 말로 되어 있는데, 꼭 기억해야 할 것은 사업주가 도장을 찍어주지 않아도 신청할 수 있다는 점입니다. 안정적으로 치료를 받기 위해 반드시 산재처리를 할 것을 권합니다. 산재승인을 받게 되면 재활치료와 이후에 발생하는 후유증에 대해서도 보장을 받을 수 있기 때문입니다.

마지막으로 기억할 것! 일을 하다가 내 실수로 다쳤는데 그때도 산재신청을 할 수 있을까요? 산재보험은 다친 이유에 대해서는 묻지도 따지지도 않습니다. 실수를 하더라도 주눅들 필요가 전혀 없다는 점을 반드시 알아두면 좋겠습니다.

정말로 비빌 언덕인가? 사회보장제도의 역할

4대 보험에 대해서 간단하게 알아보았습니다. 이들 제도는 사회적 분위기에 의해 만들어진 것이기 때문에 그 적용 기준이 힘의 역관계나 사회의 조건에 의해 변하기도 합니다. 어느 나라는 동일노동의 경우 정규직 · 비정규직에 구애받지 않고 동일임금을 적용하기도 하고, 또 어느 나라는 실업급여를 받을 수 있는 조건이나 기준이 한국보다 덜 엄격합니다. 젊은 노동자도 1년 이상의 실업급여를 받으면서 직업훈련을 받기도 합니다. 그래서 우리는 현재의 제도를 잘 이용해야 하고 더 나아가서는 이 제도가 그 취지에 맞게 잘 발전할 수 있도록 꾸준한 관심을 가져야 할 것입니다. 결국 우리 삶의 주요한 비빌 언덕이 될 테니까요.

5

★

'노동자' 모두 여~기여기 모여라 (feat, 헌법33조)

지금까지 우리는 노동에 뛰어든 청년이 좋은 일자리를 추구하면서 노동자로서 개인의 권리와 안전을 보호받기 위해 알아야 할 기본적인 정보를 나누었습니다. 이제는 개인이 권리를 보다 확실히 보호받기 위해 할 수 있는 최소한의 보호장치를 살펴보도록 하겠습니다. 힌트는 오바마 미국 대통령의 최근 연설에서 찾을 수 있습니다.

"내 가족의 생계를 보장할 좋은 직업을 원하는가. 누군가 내 뒤를 든든하게 봐주기를 바라는가. 나라면 노조에 가입하겠다."

오바마 대통령이 2015년 9월 7일 미국 노동절 기념 연설에서 한 말입니다. 노동조합 가입률이 10%인 우리나라 국민들이 듣기에는 매우 파격적인 연설입니다. 무려 대통령이 나서서 "노조가 없는 곳에서는 가혹한 착취가 일어나고, 노동자들은 늘 산재를 입고 보호받지 못한다. 노조운동이 없기 때문이다."라며 시민들에게 노조에 가입할 것을 권유하고 있습니다. 또한 그는 "지금은 표준이 된 1일 8시간, 주 40시간 노동, 휴일 · 초과근로수당과 최저임금 등은 그간 노동자 권리를 위해 싸워온 노동운동 덕분"이라고 노동조합의 성과를 강조합니다..

노동조합의 가입이 시민에게 보호와 이득이 되는 것, 과연 미국과 같은 '잘 나가는 나라'들만의 이야기일까요? 우리에게는 어떨까요?

노동조합, 정체가 궁금하다

오바마의 이야기는 '노동자'의 관점에서 생각해보면 간단합니다. 노동자가 생계수단을 쥐고 있는 사장님에게 일대일로 근로조건 개선하라거나 임금을 올려달라고 요구하기는 어렵습니다. '갑을' 관계인 사용자와 노동자는 근본적으로 불평등할 수밖에 없기 때문입니다. 따라서 노동자는 뭉치고, 집단적으로 요구하며, 밀어붙일 수 있는 힘을 '헌법'을 통해 보장받고 있습니다. 바로 헌법33조에 있는 단결권, 단체교섭권, 단체행동권을 통해서 말입니다. 가장 기본인 뭉치는 것, 바로 노동조합입니다.

응답하라 1998! 옛날이야기 하나 해보겠습니다. IMF로 모두가 어려울 때, 잘 만든 노동조합 하나로 굳건히 버텨낸 기업이 있습니다. 여기, 노동자가 노동조합을 통해 스스로의 권리를 지키고 나아가 비정규직과 아르바이트 같은 불안정노동자들과 연대하며 근로조건을 변화시킨 사례를 소개합니다.

전라북도 군산에 있는 타타대우상용차는 최저가 자동차 '나노'로 유명합니다. 2003년 대우그룹이 경영위기로 해체된 이후 인도 타타그룹에 매각됐어요. 당시 회사의 노동유연화 방침으로 사내하청노동자가 정규직노동자보다 많아졌어요. 정규직노동조합은 2003년부터 사측과 단체교섭을 통해 매년 하청노동자 수십 명을 정규직으로 전환시키는 데 합의해요. 그리고 2008년부터는 비정규직도 정규직노동조합에 가입할 수 있도록 합니다.

타타대우상용차 사례는 정규직노동조합이 자신의 임금인상보다 비정규직의 고용안정에 더 신경 썼다는 점에서 높이 평가받습니다. 일부 정규직노동조합이 자신의 임금인상에 골몰해 '귀족노조'라 비판받는 현실에서 볼 때 이례적이기 때문입니다.[10] 이렇게 똘똘 뭉친 노동조합은 경제위기 때 빛을 발합니다. 2009년 미국발 경제위기 때 주변의 현대자동차나 지엠대우차에서는 사내하청노동자 1,000여 명이 계약해지 됐죠. 그런데 타타대우상용차는 어땠을까요? 사측이 단 1명의 비정규직도 해고하지 못했답니다. 타타대우상용차 노동조합은 비정규직의 가입으로 노동조합의 힘

10 『노동여지도』. 박점규. 2015. 알마.

© 연합뉴스

이 세지고 이를 바탕으로 임금인상 등 근로조건의 개선까지 이뤄냈습니다.

20년이 지난 지금도 노동조합의 힘은 유효합니다. 2015년 현재, 앞장에서 살펴보았던 청년 실업, 열정페이 등 청년노동 수난시대, 이른바 '헬조선'의 문이 열렸습니다. 그러나, 헬조선의 늪에서도 노동조합은 든든한 동아줄의 역할을 수행합니다.

> "청년유니온 조합원 A는 한 레스토랑에서 근로계약서 한 장 쓰지 못하고 서빙을 하고 있었다. 어느 날 월급통장내역을 자세히 보다가 주휴수당을 못 받았다는 것을 알게 되었고, 사장님께 연락을 드렸다. 돌아온 대답은 '우리는 대기업이 아니라서 그런 거 안 줘.'였다. 물론 이 황당한 답변은 노동관계법령 어디에서도 근거를 찾을 수 없다. 비록 근로계약서는 작성하지 않았지만 근무기록과 통장내역을 다 가지고 있었던 A는 관련된 자료를 들고 노동상담을 받았다. 게다가 A는 사장님과의 전화 내용까지 녹취로 남겨놓은 치밀한 알바였다. 청년유니온에서는 자료에 근거한 체불임금 산정내역을 조합원의 손에 쥐어주었고, A는 가벼운 발걸음으로 고용노동부에 찾아갔다. 그리고 진정을 제기한 지 얼마 지나지 않아 A는 자신의 권리를 되찾을 수 있었다."[11]

11 "'주휴수당 없다'는 사장에게 돈 받아내는 법". 2014. 10. 30. 오마이뉴스.

주휴수당은 법이 보장하는 노동자의 권리이자 사용자의 의무입니다. 근로기준법 55조는 "사용자는 근로자에게 1주일에 평균 1회 이상의 유급휴일을 주어야 한다", 그리고 근로기준법 시행령 30조는 "근로기준법 55조에 따른 유급휴일은 1주 동안의 소정근로일을 개근한 자에게 주어야 한다."고 분명히 명시되어 있습니다. 노동자가 자신에게 주어진 권리에 대해 노동조합을 통해 배우고, 함께 사용자에게 요구하고, 요구를 들어주도록 권리를 행사한 것이지요.

이처럼 우리에게는 법적으로 보장된 '권리'가 있습니다. 그런데 여기서 핵심은 '권리'는 지킬 때 권리라는 점입니다. 노동자의 권리를 잘 지키기 위해 노동조합이 필요합니다. 헌법에 보장된 노동3권도 계속 주장하고 지키지 않으면 '글자'로만 남아 있게 됩니다. 바로 이런 시도들 때문이지요.

같은 노동조합 다른 해석

미국에서 노동조합의 긍정적 역할을 강조하며 가입을 유도하는 연설이 이슈가 되던 시기, 한국에서는 정치권이 나서서 노동조합에 대해 부정적인 면을 강조하는 연설이 나옵니다.

"불법파업에 공권력이 투입되면 쇠파이프로 두들겨 패지 않았습니까? 공권력이 그들에 대해 제대로 대응하지 못했기 때문에 우리나라가 2만 달러대에서 10년간 고생하고 있는 겁니다. 만약 그런 일이 없었다면 우리는 3만 달러 넘어갔습니다. CNN에서 연일 매시간 쇠파이프로 경찰 두드려 패는 장면이 보도되는데 어느 나라가 투자하겠습니까?"

김무성 새누리당 대표는 2015년 9월 2일 기자들과의 대화에서 한국 노동조합의 '과격성'에 대해 말합니다. 노동조합은 과격한 무법자들이 모여 자신들의 이익만 따지는 이기적인 집단이라는 부정적 인식이 짙게 묻어납니다.

이쯤 되니 노동자도 노동조합도 너무 억울합니다. 앞서 말했듯 노동3권은 헌법으로 보장된 권리이고, 이를 통해 노동자는 '근로조건'이나 '임금'과 같은 자신의 이익을 주장할 수 있게 되어 있기 때문입니다.

생각해봅시다. '임금'이나 '근로조건 개선'을 주장하는 노동조합의 요구, 정말 노동자에게만 좋은 걸까요? 노동조합의 활동으로 노동자들의 임금과 근로조건이 개선된다는 것은 기업으로 돌아갈 이윤이 노동자들의 가계로 흘러들어가게 되는 것, 즉 '부의 재분배'를 이루는 것을 뜻합니다. 노동조합활동이 경제 불평등을 완화해 우리 사회의 균형을 유지하는 중요한 역할을 한다고 해석할 수 있습니다.

이를 뒷받침하는 국제사회의 연구결과도 연달아 발표됩니다. 2015년 7월 국제통화기금(IMF)은 '불평등과 노동시장 기관'(Inequality and Labor Market Institutions) 보고서를 통해 노동조합 조직률이 하락할수록 소득 불평등이 커진다는 조사 결과를 발표합니다. 이 보고서에 따르면 1980년부터 2010년까지 30년 동안의 미국과 영국, 독일과 프랑스 등 20개 선진국들의 소득불평등과 노동시장 기구들과의 관련성을 조사한 결과, 경제정책과 기업의 의사결정과정에서 노동조합이 미치는 영향력이 작을수록 소득불평등이 커지는 것으로 나타났다고 합니다.[12]

이에 더해 노동조합이 자녀세대의 경제적 삶을 개선한다는 연구결과도 나왔습니다.[13] 2015년 10월 9일 미국진보센터가 발표한 '노동조합이 계층 간 이동에 미치는 영향'보고서는 노조가입률이 높은 지역이나 노조에 가입한 가구에서 자녀세대의 소득수준이 높다는 연구결과를 내놨습니다.

그렇다면, 노조조직률 10%로 OECD국가 29위인 우리나라는 어떨까요? 73쪽 그림을 보면, 1990년대 약 14%인 노동조합 조직률이 2010년대 들어서는 10% 미만으로 떨어졌습니다. 반면, 소득상위 10%와 소득하위 10%의 격차는 1990년에 8.5배에서 2014년에는 약 12배로 50% 이상 증가했습니다. 노동조합의 약해진 딱 그만큼 소득불평등이 커진 것을 알 수 있습니다. 친기업정책을 펼치는 정당에서 노동조합을 부정적으로 평가하는 이면을 들여다볼 필요가 있습니다.

---

12 "IMF '노동조합 가입률 떨어질수록 소득불평등 커져'". 2015. 7. 21. 경향신문.
13 "부모 노조 가입률 높으면 자녀 '미래소득' 높아진다". 2015. 11. 9. 경향신문.

연도별 국내 노조 조직률
(단위 %)

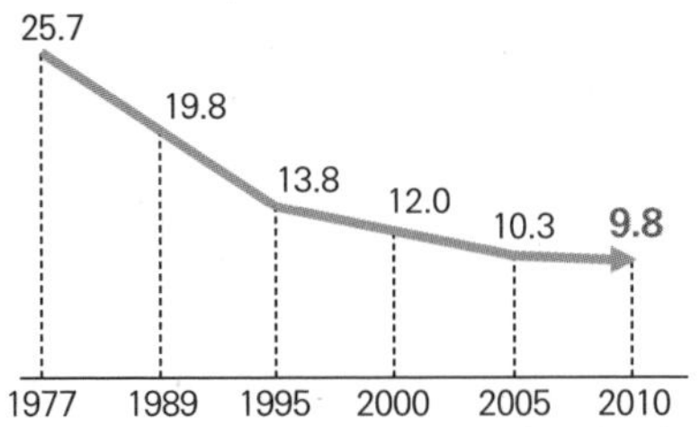

자료: 고용노동부

상위 10% · 하위 10% 가구 월소득(평균) 추이
자료: 통계청

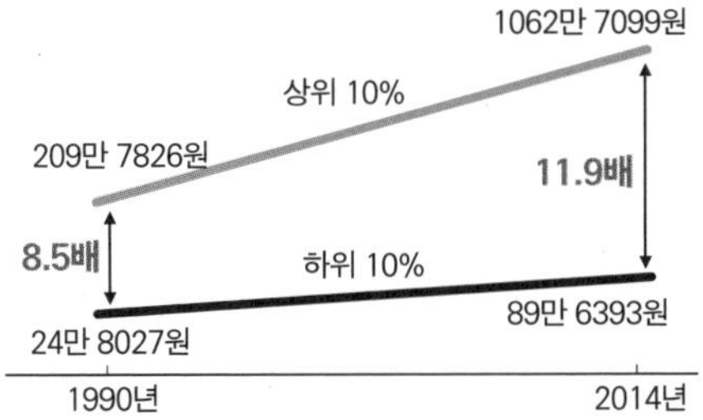

© Ponsuwan | Dreamstime.com

노동조합이 이기적이기 않게, 공적인 요구를 하게 되면 어떻게 될까요. 우리나라는 '노동조합 및 노동관계조정법'(노동조합법)을 통해 파업 등 쟁의행위에 대해서 '목적이 정당해야 한다'고 규정하고 있습니다. 그런데 그 목적을 '임금이나 근로시간 등 근로조건'으로 한정합니다. 이 법률대로면 정부의 민영화 정책을 반대하며 파업한 철도노조도 '불법', 노동자들이 노동법 개정에 반대하며 파업해도 '불법'이 됩니다. 실제 철도노조는 2002년부터 5번의 '민영화 반대' 파업이 노동조합법에 의해 '불법'이 되어 565억 원의 손해배상 청구 소송에 휘말리게 됩니다.[14] 즉 노동조합법이 노동조합에게 '제 밥그릇 챙기기'만 하도록 법으로 제한하고 있다고 볼 수 있습니다.[15]

교과서에 없는 '노동교육', 노동조합엔 있다

:

지금까지 살펴본 노동조합, 개인의 '권리'는 물론 경제적 불평등 해소에도 톡톡한 역할을 하고 있습니다. 여기다 하나 더, 노동조합은 교과서에선 알려주지 않는 '노동교육'을 제공합니다. 국민의 대다수가 노동자인 나라이지만, 우리의 정규교육과정에 '노동'은 없습니다.

---

14 "손배 · 가압류 남용 막으려면 노동법 질서 전면 개편해야" 2015. 1. 21. 매일노동뉴스.
15 노동조합 및 노동관계조정법 [법률 제12630호], 국가법령정보센터 사이트 참조.

"노동자는 ㅁㅁㅁ다. 여러분이라면 여기에 어떤 단어를 넣겠습니까?" 2013년 10월, 평택비정규노동자센터가 지역의 중 · 고등학생 57명에게 던진 질문입니다. '거지', '외국인', '장애인', '못 배운 자들', '일개미', '돈 버는 기계', '강철인간'. 이 질문은 받은 학생들은 이렇게 답변했다고 합니다. 아직 취직 준비에 닿아 있지 않은 학생들은 노동자와 '나'를 연결시키지 못했습니다. 덧붙여 '평범하지 않은' 이미지를 떠올리기도 합니다.

애석하게도 이런 일은 학생들에게서만 나타나는 건 아닌 모양입니다. 2010년 부산경찰이 배포한 강도용의자의 현상수배 전단지를 보면, 경찰은 칼로 피해자를 위협하여 돈을 갈취한 강도 용의자의 인상착의를 간단히 이렇게 말합니다. '노동자 풍'. 분명한 건 무엇을 떠올리건 이 전단지는 '노동자=위험하고 불온한 사람'는 인식을 주게 한다는 점입니다.

하루 동안 주위를 둘러봅시다. 눈뜨면 보이는 가족, 아빠도 엄마도 형도 누나도 노동자, 거울 속에 보이는 나도 알바하면 노동자, 오전 지하철과 버스를 꽉꽉 메운 사람들 대부분도 노동자, 커피 마시러 잠깐 들어간 곳에서 만난 점원도 노동자, 오늘 길거리에서 당신의 옆을 지나친 사람 가운데 노동자 아닌 사람 찾기가 더 어렵습니다. 지금 당신 눈에 보이는 그 평범한 모습이 바로 '노동자'입니다. 바로 나와 노동자를 연결시킬 때 우리는 '노동'을, 그리고 '노동권'을 제대로 인식할 수 있습니다. 이제, 노동조합이 노동자를 보호하는 사례를 다시 떠올려봅시다. 당신이 일을 하다

곤란한 일을 겪을 때 옆에서 손을 잡아주는 것은 기업이 아니라 바로 우리가 함께 하고 있는 '노동조합'일 것입니다.

읽을거리

- 『노동여지도』, 박점규, 알마
- 『4천원 인생』, 안수찬, 전종휘 외, 한겨레출판
- 『이 회사도 블랙기업일까?』, 시미즈 나오코. 개마고원
- 『노동조합 100문 100답』, 권두섭 · 김형동 · 박성우 · 매일노동뉴스
- 『노동 없는 민주주의의 인간적 상처들』, 최장집, 후마니타스

알아두면 유익한 홈페이지

- 민주노총 : www. nodong.org
- 민주화사회를 위한 변호사모임 : minbyun.junbo.net
- 노동인권실현을 위한 노무사모임 : www.laborright.net
- 청년유니온 : cafe.daum.net/alabor
- 알바노조 : www.alba.or.kr
- 노동건강연대 : www.laborhealth.or.kr
- 노동OK : www.nodong.or.kr
- 손잡고 : www.sonjabgo.org
- 한국비정규직노동센터 : www.workingvoice.net
- 서울노동권익센터 : www.labors.or.kr
- 한국노동안전보건연구소 : www.kilsh.or.kr

2부

인간답게
살아갈
권리

송파 세모녀, 윤일병, 메르스. 메갈리아, 이자스민 의원, 퀴어문화축제…

뉴스에서 한 번쯤 들어봤던 사건들입니다. 각자 기억하는 사건의 이미지들은 모두 다르겠지만 그 속을 자세히 들여다보면 우리 사회가 얼마나 인권이 취약한지 확인할 수 있습니다. 문제해결을 위한 진지한 성찰 없이 내가 경험하기 어려운 사건으로 타자화되었고, 좀 더 자극적인 특종보도로 소비되어버렸습니다.

북한인권, 국제인권이라는 말은 익숙해도 나와 인권의 거리가 어느 정도인지 측정해본 사람은 거의 없습니다. 인권이 평범하게 사는 대다수 사람들의 권리로 인식되기보다 가난하거나, 장애가 있거나, 특별한 사람들에게만 주어지는 특혜처럼 생각되기도 합니다. 복지와 인권을 구분하는 게 쉽지 않고, 나와는 상관없는 일로 치부하기 때문에 우리 일상 속 인권 문제는 그냥 지나치게 됩니다.

인권이 너의 문제이기도 하지만 나의 문제이고 우리가 연결되어 있다는 것을 확인해가는 과정임을 강조하고 싶었고, '불쌍하다' '안타깝다'라는 연민의 감정에서 머무는 것이 아니라 '그 사건은 왜 일어났지?' '미리 막을 수 있는 방법은 없었을까?' '만약 나의 문제였더라면?'이라는 물음을 계속 던지고 싶었습니다.

죄송하다는 말을 남기고 떠난 송파 세모녀 사건을 통해 빈곤문제를 다시 한 번 생각해보고, 서울의 중심가 광화문역에서 3년 넘게 노숙 농성을 이어가는 장애인들을 모른 척하고 스쳐 지나가지는 않았는지 되돌아보게 합니다. 여성이라는 이유로, 장애가 있다는 이유로, 피부색이 다르다는 이유로, 성소수자라는 이유로 타인을 이유 없이 싫어하는 혐오의 문제도 짚고 있습니다. 기침만 해도 사람을 피했던 메르스 공포를 상기시키며 그 피해가 고스란히 누구한테 돌아갔는지 생각해보게 합니다.

청년의 삶에서 중요한 가치는 더불어 산다는 것의 의미를 알고 사람다운 삶이 무엇인지 질문을 던지는 것입니다. 이번 장을 통해 부족하고, 열등하고, 비정상이라고 낙인찍힌 사람들과 함께 동행하는 방법을 찾았으면 합니다.

바꿈청년네트워크 인권분과

김윤영(빈곤사회연대 사무국장) | 김정숙(건강세상네트워크 활동가)
단청(여성학을 배우는 학생) | 리온소연(수원다문화도서관 지구별 상상운영자) | 이인섭(전 군인권센터 활동가)
이진수(인권교육을 위한 교사모임 샘 초등교사) | 정욜(인권재단사람 활동가)

1

★

인권은 감정이다

'인간으로서 가지는 기본적 권리.' 국립국어원은 인권을 이렇게 설명합니다. 타당한 정의입니다. 대한민국 헌법 제10조[1]는 국가가 개인이 가지는 불가침의 기본적 인권을 확인하고 이를 보장할 의무를 진다고 규정하고 있습니다. 인권 보장을 요구하는 집회나 성명서에 국제인권규약에 명시된 권리나 법률상 국가의 책임, 차별 금지에 대한 조항이 자주 등장하는 이유도 국가에게 국민의 기본권을 보장할 의무가 있기 때문입니다. 하지만 국가가 보호해

1 대한민국 헌법 제10조. 모든 국민은 인간으로서의 존엄과 가치를 가지며, 행복을 추구할 권리를 가진다. 국가는 개인이 가지는 불가침의 기본적 인권을 확인하고 이를 보장할 의무를 진다.

야 하는 기본권으로 인권을 정의하는 방식은 치명적인 단점이 있습니다. 바로 나와 인권의 거리를 멀어 보이게 한다는 것입니다. 인권은 어려운 것, 요구하기만 하는 것, 전문가가 다루어야 하는 분야라는 생각도 어쩌면 인권을 권리로 정의하는 방식 때문에 생겨난 오해일 수 있습니다. 인권에는 단순히 권리 이상의 의미가 있는데도 말이죠.

인권이라는 말에 담긴 권리 이상의 의미. 그것은 인권이 법 이전에 감정이고 정의나 사랑처럼 대체 불가능한 가치를 나타내는 말이라는 점입니다. 그렇기 때문에 인권은 누구나 공감할 수 있고 이를 이야기하기 위해서 굳이 전문가가 될 필요도 없습니다. 예를 들면 이런 것입니다. "나도 인간답게 살고 싶다! 이건 정말 인간으로서 할 짓이 아니다," 같은 억울함과 분노. 이러한 감정 속에 인권의 의미가 담겨 있습니다. "근로자도 인간이다! 인간답게 살게 하라!" 1970년 전태일의 분신을 목격한 삼동회 회원들이 외쳤던 구호가 바로 인권이었고 한참을 거슬러올라가 1894년 시작된 동학농민혁명도 결국 '사람답게 살고 싶다'는 농민들의 분노였습니다. 그 시대의 가장 약하고 힘없는 존재였던 이들이 사람다운 삶의 조건을 위해 뭉쳐 싸울 수 있었던 것은 인권이 머리가 아닌 가슴에서 시작되기 때문이었을 것입니다. 어떤 억압도 인간의 감정과 공감하는 능력까지 가로막지는 못합니다. 함께 슬퍼하고 함께 분노하는 만큼 우리의 인권도 더 단단해져 왔음을 역사는 보여줍니다. 인권은 감정입니다.

인간의 조건—인권은 누구에게 있는가

인권과 관련된 역사적 장면 중 하나는 1948년 12월 10일 세계인권선언이 제정되는 순간일 것입니다. 1948년은 2차 세계대전이 끝나고 3년째 되는 해입니다. 2차 세계대전을 치르며 벌어진 막대한 규모의 민간인 학살과 끔찍한 생체실험은 세계 각국으로 하여금 '인권에 대한 무시와 경멸이 인류의 양심을 격분시키는 만행을 초래'하였음을 자각하게 하였고, 3년 후 채택된 세계인권선언은 이에 대한 반성이라고 볼 수 있습니다. 세계인권선언은 법적인 구속력이 있는 것도 아니고 만들어진 지 60년이 훨씬 넘은 오래된 선언입니다. 그럼에도 여전히 인권을 바르게 이해하는 기준이 됩니다.

인권을 오해하거나 심지어 인권을 반대하는 주장 중에 "의무도 지키지 않으면서 무슨 인권이냐. 자격이 없다."라고 요약되는 자격론이 있습니다. 인권에 대한 이해가 '권리로서의 인권'에 머물다보니 그렇습니다. 권리-의무의 관계로 인권을 누릴 '자격'을 따지려는 것입니다. 인권에 따르는 의무, 인권이 요구하는 자격은 어떤 것일까요. 세금을 꼬박꼬박 잘 내는 사람? 법을 지키는 사람? 교양 있고 매너 좋은 사람? 아닙니다. 그냥 사람입니다.

세계인권선언 제1조는 이렇게 시작합니다. "모든 인간은 태어날 때부터 자유로우며 그 존엄과 권리에 있어 동등하다." 인간이라면 누구나 같다고 하는 것입니다. '모든 인간'의 자리에 이런저런 조건을 붙이고 싶다면 그런 행동이 어떤 인간은 인간으로 취급하지 않아도 된다거나 어떤 인간은 죽여도 된다는 비인간적인 행위를 가능케 했음을 기억해야 합니다. 나치의 인종청소가 그랬습니다. 유대인, 슬라브족, 집시, 동성애자, 장애인, 정치범에게는 인간 자격이 주어지지 않았고 청소라는 말이 보여주듯 죄책감 없이 죽여버릴 수 있었던 것입니다. 30개 조항으로 이루어진 세계인권선언에 '모든'이라는 말이 44회나 등장하는 것도 바로 인간 자격을 따졌던 인류의 오만함과 야만성에 대한 반성과 경계일 것입니다.

물론 의무도 있습니다. 세계인권선언이 개인에게 요구하는 의무는 타인의 인권을 침해하지 않을 의무,[2] 타인을 도울 의무,[3] 모든 사람을 위한 공동체를 (만들기) 위한 의무[4], 이렇게 세 가지입니다. 몇 개 안 되지만 가볍지 않죠. 내 인권도 못 지키는데 어디 남을 챙겨, 내가 무슨 인권활동가라도 되는 줄 아나? 이런 생각이

2 세계인권선언 제30조: 이 선언의 어떠한 규정도 어떤 국가, 집단 또는 개인에게 이 선언에 규정된 어떠한 권리와 자유를 파괴하기 위한 활동에 가담하거나 또는 행위를 할 수 있는 권리가 있는 것으로 해석되어서는 아니된다.

3 세계인권선언 제1조: 모든 인간은 태어날 때부터 자유로우며 그 존엄과 권리에 있어 동등하다. 인간은 천부적으로 이성과 양심을 부여받았으며 서로 형제애의 정신으로 행동하여야 한다.

4 세계인권선언 제29조 1항: 모든 사람은 그 안에서만 자신의 인격이 자유롭고 완전하게 발전할 수 있는 공동체에 대하여 의무를 가진다.

들 수도 있습니다. 하지만 원리는 단순합니다. 나와 다른 사람도 나처럼 '사람'이라는 것을 기억하고 '사람'으로 대하는 것이지요.

보이지 않는 사람들—'모든'의 범위

인권이 필요한 사람들은 잘 보이지 않습니다. 보이지 않게 하기, 비가시화가 그만큼 쉽고 효과적으로 인권을 빼앗는 방법이기 때문입니다. 눈에 띄지 않게 만들거나 격리시키기, 극소수로 간주하기, 존재 자체를 거부하거나 부정하기. 사회적 약자로 불리는 대부분의 집단이 앞서 말한 특징을 가지고 있습니다. 장애인이 그렇고 노동자, 여성, 성소수자가 그렇습니다. 써놓고 말이 안 된다는 생각도 듭니다. 장애인, 노동자, 여성, 성소수자에 속하지 않는 우리나라 인구가 과연 몇 명이나 될까 싶어서 말입니다. 그런데도 그들은 정말 잘 안 보이고 그들에 대한 이야기는 쉽게 들을 수 없습니다. 생각해보세요. 오늘 이용한 대중교통에서 장애인을 몇 명이나 보셨나요. 주말에 봤던 드라마에 노동자라는 말이 나오던가요. 저녁 뉴스에는 여성 정치인의 이야기가 몇 꼭지나 나오던가요. 여러분에겐 성소수자 친구가 몇 명이나 있습니까. 네 가지 답변을 다 합해도 열이 안 될 것입니다.

이들의 수가 적어서일까요? 아닙니다. 2012년 갤럽의 조사에서 자신이 성소수자라고 대답한 미국인은 응답자의 3.4%[5]였습니다. 우리나라도 크게 다르지 않을 것입니다. 장애 등록을 기준으로 우리나라 인구 20명 중 1명은 장애인[6]입니다. 세상의 절반은 여자이고 우리나라에선 2015년 기준으로 여자가 남자보다 12,000명 정도[7] 많습니다. 그런데 왜 보이지 않을까요?

괜히 억울한 기분이 들 수도 있습니다. 그럴수록 자세히 살펴봐주시면 좋겠습니다. 여성상위 시대를 말하지만 제19대 국회의원 선거에서 당선된 여성은 전체 의원의 15.7%[8]밖에 안 됩니다. 여자들에게 게이 남자 친구가 인기라는 기사도 있지만 2014년 조사에서 동성애자와 절친한 친구가 될 수 있다고 대답한 사람은 100명 중 9명도 안 됐습니다.[9] 노동자라는 말은 방송에서 여전히 금기어에 가깝습니다. 2015년 최규석 작가의 웹툰 〈송곳〉이 JTBC 드라마로 만들어지면서 조금 달라지긴 했지만 2013년 KBS 연기대상 신인 연기상을 받은 탤런트 한주완의 수상소감은 '노동자'라는 단어를 스스럼없이 입에 담았다는 이유만으로 30개가 넘는 매체에 보도되며 화제가 되었습니다. 노동자는 2014년도 15세 이상 인구의 44%를 차지하는데도 말입니다. 장애인의 경우엔

5 http://www.gallup.com/poll/158066/special-report-adults-identify-lgbt
6 2014년 등록장애인 수 2,494천 명 (보건복지부 시 · 도 장애인등록현황. 2014)
7 행정자치부. 주민등록인구현황. 2014.
8 제19대 국회의원선거총람. 중앙선거관리위원회. p.353.
9 집단구성원 포용 정도-동성애자. 한국행정연구원.

어떨까요. 우리나라엔 휠체어가 탈 수 있는 시외버스가 단 한 대도 없습니다. 2015년 현재 그렇고 빠른 시일 내에 이 문제를 해결하려는 정치인도 아직 보이지 않습니다. 이런 상황은 장애인을 시설에 갇힌 존재로 만들고 장애인의 비가시화를 장애인의 특성, 장애의 결과로 당연하게 여기게 만듭니다.

끔찍한 일입니다. 세계인권선언이 말하는 '모든' 사람에서 보이지 않는 사람들은 점차 제외되어 갑니다. 성소수자. 장애인. 노동자. 여성. 잘 보이지 않는 만큼 더 자주 부르고 살펴야 될 '우리'입니다. 인권이 말하는 의무가 바로 이것입니다. 타인의 인권을 함께 지키는 것. 눈 크게 뜨고 우리 주변의 보이지 않는 사람들을 발견하는 것. 그들과 손잡고 '모든'의 범위를 지금보다 더 넓히는 일이 바로 세계인권선언이 법과 사회 제도로 이어지고 사람과 사람의 관계 속에서 실현되도록 하는 최선의 방법일 것입니다.

인권에 값을 매기지 말라

차량에 매달려 작업 중인 청소노동자의 모습을 흔히 목격할 것입니다. 어쩌면 이어지는 이야기도 익숙할 수 있습니다. 2010년 추석 제주에서 청소노동자가 사망[10]합니다. 차량에 매달려 작업하다가 코너를 돌던 중 떨어져 사망했습니다. 그 후 제주 서귀포시

10 "추석 연휴 제주 사건사고 얼룩…3명 사망, 16명 중경상". 2011. 9. 13. 제주의소리.

와 경기도 의정부시를 시작[11]으로 청소차량의 발판 제거가 시작됐습니다. 청소노동자들이 차량에 매달려 위험하게 이동하는 것을 막겠다는 판단이었습니다.

다음해 5월에는 환경부가 각 지자체에 청소차 발판 제거를 지시하는 공문[12]을 보내며 힘을 보태기도 했습니다. 잘 지켜졌을까요? 예상하셨겠지만 아닙니다. 조수석에 탔다 내렸다 하며 걸어서 작업하라는 지시는 현실적이지 않고 작업시간만 늘어난다고 청소노동자들에게마저 반발을 샀고 결국 제대로 시행되지 못했습니다. 뭐가 문제였을까요? 작업량, 작업인력, 예산이 그대로인 것이 문제였습니다. 청소노동자의 위험한 행동이 문제라는 판단은 착각이었습니다. 정말 그렇게 생각했다면 말입니다. 문제는 위험한 행동을 하게끔 하는 조건이었습니다. 조건이 바뀌지 않으니 발판을 떼어도 차에 매달려 갔고 더 위험해졌습니다. 결국 돈이죠. 발판 제거 공문을 내리는 환경부 담당자도 알았을 것입니다. "누가 모릅니까. 그런데 어떡합니까." 이렇게 말할지도 모르겠으나 반드시 기억해야 하는 사실은 인권은 정의나 사랑 같은 가치라는 것입니다. 인권은 우리 스스로 인간이기 위해 지켜야 하는 가치이고 인권에 값을 매기는 것은 사람의 목숨에 값을 매기는 것과 같습니다.

11 "의정부 환경미화원의 청소차 발판 떼기". 2011. 10. 26. 매일노동뉴스.
12 "정부 청소차 발판 제거조치 무용지물". 2012. 6. 28. 매일노동뉴스.

© 이진수

그러나 노동자의 죽음은 금세 잊히고 일부 지자체는 청소차에 발판을 도로 달기까지 합니다. 2015년 10월 찍은 사진이 보여주듯 청소노동자들은 여전히 차에 매달려 갑니다. 당연히 사고도 반복됩니다. 2015년 6월 24일 인천 부평구에선 적재함 난간에 매달려 가던 청소노동자가 떨어져 사망[13]했습니다. 인터넷 기사로 검색되는 단신입니다. 청소노동자들의 인권에는 언제까지 값이 매겨지고 예산 절감을 위한 수단으로 다뤄질지 모르겠습니다. 다음 죽음도 기록되고 검색될 수 있을지 모르겠습니다.

청소노동자만의 문제가 아닙니다. 2015년 한 해 뉴스에 소개된 노동자들의 죽음만 살펴봐도 핵발전소,[14] 용광로,[15] 선박,[16] 반도체,[17] 통신케이블 설치,[18] 지게차,[19] 지하철,[20] 화학 공장,[21] 건설 현장,[22] 학교[23] 노동자 등 정말 다양한 일터에 위험이 도사리고 있습니다. 인권에 값을 매기는 사회, 예산 절감 또는 효율성 신장을 위

13 "부평구, 환경 미화원 청소차량서 추락 사망". 2015. 7. 1. 중앙일보.
14 "원전 정비 사고로 5년간 7명 사망". 2015. 9. 11. 아시아경제.
15 "안전난간 없이 작업 중 '쇳물 분배기'에 추락사". 2015. 4. 5. 경향신문.
16 "현대중 사내하청 노동자 사망…지난해 12명 이어 올해만 세 번째". 2015. 10. 6. 한겨레.
17 "황유미 8주기 앞두고 또… 삼성전자 20대 여성 노동자 사망". 2015. 2. 16. 프레시안.
18 "계속되는 KT 노동자 사망 · 부상 사고, 강도 높은 근무환경 때문". 2015. 2. 16. 투데이신문.
19 "지게차에 치여 직원 죽어가는데… 119 돌려보내". 2015. 8. 18. jtbc뉴스.
20 "보수업체직원 지하철 안전문 수리 중 사망'…경찰 수사 착수". 2015. 8. 30. 머니투데이.
21 "울산서 또… 한화케미칼 공장 폐수조 폭발 사고 6명 사망". 2015. 7. 3. 한국일보.
22 "건설현장에서 하루 평균 1.4명 사망". 2015. 9. 11. YTN.
23 "잇단 밤샘 열악한 근무여건으로 학교 경비원 사망". 2015. 10. 31. 스포츠경향.

해 해마다 사람을 2,000명씩 죽이는 사회[24]에서 우리는 살고 있습니다. 같은 해 발생한 살인 범죄가 미수와 예비, 음모까지 포함해서 총 996건인 것과 비교하면 어마어마한 수입니다. 어떻게 바꿀 수 있을까요?

현실을 바꾸기 위한 첫 단추는 문제를 문제로 남겨놓는 것입니다. "그렇게만 되면 얼마나 좋아. 여건이 안 되니까 그렇지." 이런 쉬운 말은 문제의 원인을 설명하는 것 같지만 실상은 책임을 회피하는 변명이 되고 인권문제를 '어쩔 수 없는 일'로 만들어버립니다. 문제는 문제로 받아들여야 해결될 수 있습니다. 차별은 비가시화를 통해 우리 시야에서 멀어지고 현실론은 오늘 필요한 인권을 10년, 20년 뒤로 미뤄버립니다.

그렇다면 어떻게 해야 할까요. 인권을 오늘의 문제로 붙들어놓을 수 있는 힘은 '공감'에 있습니다. "이래선 안 된다. 정말 너무한다. 이들도 사람이다." 대책 없어 보이는 이런 공감이 실은 인권을 지켜온 힘입니다. 역사를 살펴봐도 인권은 약한 자들의 분노와 연대로 만들어져 왔습니다. 지금까지 그랬고 앞으로도 그럴 것입니다. 다음 장에 이어지는 군인, 여성, 장애인, 이주노동자, 감염인, 빈곤의 이야기도 마찬가지입니다. 모두 우리 사회 인권의 최전선에 있는 주제이고 약한 자들, 보이지 않는 자들의 이야기입니다. 그들의 이야기에 좀 더 귀 기울이고 공감해주시기 바랍니다.

---

24 "2013년 산업재해 사망자 수 1,929명. 산업재해현황분석. 고용노동부.

2

★

인권 결핍의 대한민국 군대

참으면 윤 일병 터지면 임 병장

2014년 여름, 한 달 간격으로 군대에서 발생한 끔찍한 두 가지 사건이 언론을 통해 보도되면서 온 나라를 충격에 빠뜨렸습니다. 하나는 육군 22사단 GOP 총기사망사건이고. 하나는 육군 28사단 집단구타 사망사건입니다. 임 병장 총기난사사건, 윤 일병 사망사건이라고 하면 좀 더 기억이 선명하게 나실지 모르겠습니다. 세월호가 침몰하여 사람들의 눈앞에서 수많은 목숨들이 수장되는 참사를 겪었던 트라우마가 채 가시기도 전에, 실제로 일어났다고는 믿기 힘든 사망사건들이 연달아 보도되면서 큰 충격에 빠졌던 기억이 납니다. 당시 관련 기사의 댓글에는 '참으면 윤 일병 터지면 임 병장'이라는 자조적인 말이 자주 등장하기도 했습니다. 뉴스에서도 시민들의 군에 대한 불신을 기사 주제로 다룰 때면 이러한 말들을 인용했었습니다.

혹시 이 사건들을 잘 모르는 분들을 위해서 간략하게 정리해보겠습니다. 2014년 6월 육군 22사단 GOP에서는 임 병장이 다른 병사 및 간부들을 대상으로 총기를 발사하여 장병 5명이 사망하고 2명이 부상을 입는 사건이 발생합니다. 이로 인해 군대 내 집단 따돌림과 허술한 병사 관리 체계가 사람들의 관심을 받게 되었습니다. 그리고 7월 말 군에 의해 은폐될 뻔했던 윤 일병의 사망사고가 언론에 알려집니다. 2014년 4월 발생했던 집단구타 사망사건이 사고사로 축소되어 수사 및 재판이 이루어지다가, 유가족이 의혹을 제기하고 군인권센터에서 자료를 확보하면서 사고사가 아닌 살인사건이라는 사실을 언론에 알립니다. 사건 내용 중에 끔찍한 가혹행위와 집단구타가 포함되어 있다는 점이 알려지면서 사건의 내용이 대대적으로 보도가 되었고, 시민들의 공분이 들끓었습니다. 그 결과 재수사가 시작되었고, 살인사건으로 공소장이 변경되는 일이 있었습니다.

육군 28사단 집단구타 사망사건

육군 28사단 집단구타 사망사건 수사 기록에 따르면 한 달이 넘는 기간 동안 매일같이 상상조차 어려운 끔찍한 가혹행위가 있었습니다. 바닥의 가래침을 먹게 하고, 잠을 안 재우고, 몇 시간에 걸친 얼차려를 주고, 성기에 안티프라민을 바르는 등 가혹행위의 구체적인 내용은 가히 경악을 금치 못하게 하는 수준입니다. 집단구타의 구체적인 정황도 충격적이었습니다. 상처 나고 멍이 든 윤 일병에게 약을 발라주고 또 때렸다는 이야기, 구타로 인해 정신을 잃은 윤 일병에게 수액을 맞춰서 정신을 들게 한 후 또 폭행해서 사망에 이르렀다는 이야기는 비현실적이기까지 합니다.

그런데 처음 유가족들이 군으로부터 전해들은 사인은 만두를 먹다가 기도가 막혀서 죽었다는 것이었습니다. 한 달 동안 얻어맞다 죽었는데, 만두를 먹다가 죽었다고 하다니 정말 기가 막힌 일이 아니겠습니까? 가해자들이 그 정당한 죗값을 치르는 것이 사법정의를 실현하는 것임은 자명한 일이지만, 더 중요하게 짚고 넘어가야 하는 문제는 어떻게든 사건을 축소하고 은폐하고자 했던 군의 태도라고 할 것입니다.

군대가 사람을 바라보는 시각

군 생활을 앞둔 혹은 이제 막 시작하는 사람들을 겁주고 놀리기 위해서 하는 말들에는 여러 가지가 있습니다. 군인은 사람이 아니라 군용품이라는 이야기, 군인 목숨 값은 군견 목숨 값보다도 못하다는 말들이 농담처럼 회자됩니다. 그저 웃자고 하는 이야기라고 치부할 수도 있겠지만, 이러한 말들을 통해서 군대라는 조직이 사람을 존엄한 주체가 아닌 이용 가능한 도구로 보고 있음을 간접적으로 유추해볼 수 있습니다.

많은 예비역들이 군 생활의 고충을 이야기할 때면 훈련의 고됨보다는 인간관계의 어려움을 이야기하곤 합니다. 그 어려움 중 상당 부분은 업무 외 시간의 사적 지시들이 그 원인일 것입니다. 효율적인 지휘체계를 확립하기 위해 훈련 중이나 업무 중에는 상급자의 명령에 복종하는 것은 중요한 덕목입니다. 하지만 업무 외 시간에 개인적인 생활을 할 때도 상급자의 눈치를 보아야 한다는 것은 인간으로서 존엄성이 크게 손상되는 일입니다. 상급자의 개인적인 복리를 위해 부당하고 불합리한 지시도 따라야 하는 것은 자유의지를 빼앗긴 노예와 다를 바 없다고 할 수 있겠습니다.

아플 때 아프다고 말할 수 없는

또 한 가지 군대 농담으로 군인의 몸은 본인의 소유가 아니고 국가의 소유이기 때문에 아프고 건강하지 못한 것은 군법으로 다스릴 범죄라는 말이 있습니다. 실제로 아프다고 처벌을 받지는 않겠지만, 사람을 필요에 의해서 배치하고 사용하는 군대 안에서 몸이 아픈 것은 다른 사람들에게 사과를 해야 하는 일이 되어버립니다. 이렇게 한 사람의 건강권보다 조직 전체의 이익이 우선시 되는 이런 인식들이 빚어낸 비극들이 있습니다.

2011년 2월 고(故) 이재연 훈련병은 행군 중 고열 증세를 보였지만, 훈련소에서 사단으로 사단에서 외부의 민간병원으로 여러 단계를 걸쳐 후송되고 나서야 폐렴 진단을 받습니다. 그 사이에 이 훈련병이 받은 치료는 고작 해열제 몇 알이었습니다. 제대로 된 진단을 받기까지 18시간이 지났고 치료시기를 놓쳐버린 이 훈련병은 다음 날 새벽 눈을 감았습니다.

같은 해 4월 고(故) 노우빈 훈련병도 행군 복귀 후 고열과 호흡곤란이 왔지만 다음 날 오후까지 받은 치료는 의무병이 준 타이레놀 2알을 먹은 것이 전부였습니다. 제대로 된 치료 한번 받지 못하고 노 훈련병은 깨어나지 못했습니다. 2개월 전 故 이재연 훈련병의 아까운 목숨이 스러지고 난 뒤 아무것도 변한 것이 없이 같은 길을 노 훈련병도 똑같이 걸어간 것입니다.

훈련병들의 죽음 이후 인권단체들과 언론에서 장병들의 건강권 문제를 지속적으로 제기했고, 군과 정부에서는 군 의료체계 개선을 위한 노력을 하는 것으로 알려져 있습니다. 하지만 사람을 수단으로 보는 인식, 군의 특수성 때문에 군인들의 인권은 제한이 되어도 좋다는 인식이 그대로 남아 있는 한 과연 군 장병들의 건강권이 제대로 보장을 받을 수 있을지 여전히 의문이 남습니다.

2013년도 국가인권위원회가 실시한 「군 의료관리체계에 대한 인권상황 실태조사」에 따르면 각 군별로 차이가 있기는 하지만 약 30%의 병사들이 진료 필요성에 대해 자유로운 의사표현을 못

군 복무중 진료 필요성에 대해 자유롭게 의사표현을 못하는 이유는 무엇인가

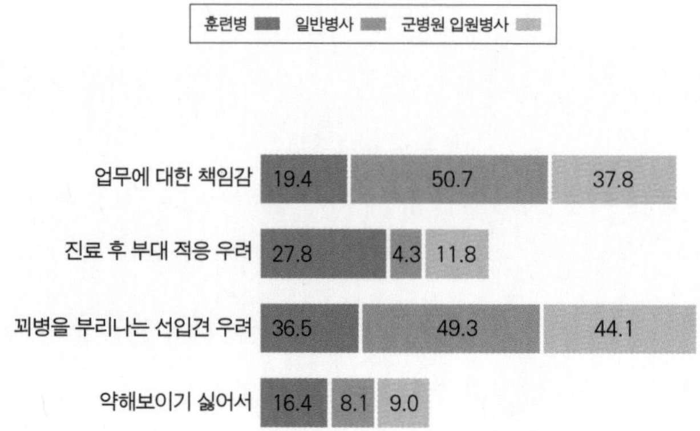

한다고 나옵니다. 아직도 열 명 중 세 명의 병사가 아플 때 아프다는 말을 쉽게 꺼내지 못하고 있습니다.

문제제기는 긁어 부스럼, 축소와 은폐의 군대

윤 일병 사건의 경우에도 그러하지만 군에서 일어난 수많은 사건사고들 중 상당수는 축소 은폐의 시도가 있었습니다. 이는 군대 내 성범죄 기소율에서도 드러납니다. 2012년 군인권센터와 최원식 의원, 진선미 의원이 발표한 「군인 및 전 · 의경 성범죄 국정감사 자료 분석 보고서」에 따르면 군대 내 성범죄의 불기소율은 59.3%로, 47.1%인 민간의 불기소율보다 10% 이상 높습니다. 이것은 사건을 외부로 알리지 않으려는 군대의 속성이 반영된 결과라는 것이 중론입니다.

형사 범죄마저도 이렇게 축소되고 은폐되는데 장병들의 고충처리는 말할 것도 없지 않겠습니까? 문제가 발생해도 상급자나 지휘관을 통해 해결되기는 어렵다고 생각하는 것이 당연합니다. 지휘관들은 본인의 부대에서 사고가 발생하는 경우, 본인의 인사에서 불이익을 받기 때문에 사건을 덮기 위해 혈안이 되어 있습니다. 군 복무 중 고충처리가 제대로 이루어지지 않는다는 것, 군대 내에서 문제제기는 긁어 부스럼이라는 의식은 많은 예비역들이 공통적으로 증언하는 바입니다. 사실상 상급자의 하급자에 대한 폭력사건이 있을 경우 하급자에 대해서도 처벌하는 경우가 비일비재합니다. 군대 내 폭력사건의 피해자에게도 문제의 원인을 제공했다는 이유로 같이 처벌하는 일이 흔하다는 것은 문제가 있어도 입 다물고 가만히 있으라는 구조적인 압력임을 잘 보여줍니다.

인권이 보장되어야 강한 군대가 된다

사실 군대가 특수한 조직인 것은 사실입니다. 효율적인 전쟁 수행을 위해서 최소한의 선에서 군인들의 인권이 다소 유예될 수도 있습니다. 하지만 지금까지 군대는 군의 특수성이라는 말을 전가의 보도처럼 휘두르며 자신들에 대한 모든 비판을 잘라내는 데 사용했습니다. 군의 특수성을 고려하더라도 시민으로서의 기본권 침해는 최소화하는 것이 원칙입니다. 하지만 이러한 점은 깨끗이 무시되는 것이 지금의 대한민국 군대입니다.

국가의 기본정신인 헌법은 시민들의 인권을 보장하기 위해서 존재하며, 헌법은 국가의 기본가치이자 국가를 구성하는 중요한 요소입니다. 그리고 군은 그 국가와 정신인 헌법의 가치를 지키기 위해서 존재합니다. 그런데 그 군이 스스로 인권을 침해하는 당사자가 되고, 군대 내 인권의 가치를 깎아 내리는 지금의 모습은 스스로의 존재 이유를 부정하는 것이나 마찬가지라고 하겠습니다. 가끔 군대에 인권이 도입되면 큰일 날 것처럼 말을 하는 군장성들의 발언이 보도가 됩니다. 과연 그러한 사람을 제대로 된 군인이라고 할 수 있겠습니까?

아무리 첨단무기가 개발되어도 전투는 장병이 수행하는 것입니다. 그런데 장병들의 인권이 무시되는 군대가 제대로 전투를 수행할 수 있을지 모르겠습니다. 부조리한 부대에서 복무하는 병사들은 같은 부대의 누군가를 지칭하여 "전쟁 나면 난 저 새끼부터 쏴 죽일 거야."라는 농담을 하기도 합니다. 이러한 부대에서 전우애가 싹틀 수 있겠습니까? 군이 그렇게 부르짖는 전우애가 깊어지기 위해서는 인권의 문제야말로 선결과제가 아닐 수 없습니다. 안보와 국방을 금과옥조로 떠받드는 많은 분들의 오해와는 달리 군대 내 인권 보장은 전투력에 직결되는 중요한 요소입니다. 인권이 안보에 반한다고 이야기하는 것은 자신들의 기득권을 지키기 위함이지 진정으로 안보를 걱정해서 하는 이야기가 아닐 것입니다.

군대 내 인권을 이야기해야 하는 이유

2014년 늦여름 윤 일병의 유가족들과 군대 내에서 소중한 목숨을 잃은 다른 장병들의 유가족들이 참여한 '윤 일병과 또 다른 모든 윤 일병들을 위한 추모제'가 열렸습니다. 당시 故 노우빈 훈련병의 어머니께서는 이런 말씀을 해주셨습니다.

> "저도 제 아들을 그렇게 보내기 전까지는 군대 내 인권문제에 대해서는 관심을 갖지 않았습니다. 하지만 지금은 군대 내에서 저의 아

© 이인섭

들과 같은 희생이 또 나오지 않기를 바라는 마음에 사람들을 만나고 이야기를 하러 다니지만 사람들은 관심을 가져주지 않습니다. 예전의 저처럼요."

군대 이야기는 공감을 얻기가 참 어렵습니다. 군대를 가지 않는 분들이나 아직 가지 않은 분들에게는 생소하고 공감하기 어려운 이야기가 될 것이고, 군대를 갔다 온 분들에게는 이미 지나가 버린 이야기, 잊고 싶은 이야기일 것이기 때문입니다.

하지만 나와는 관계없는 일이라는 생각에 사람들이 군대 문제에 관심을 갖지 않는다면 또다시 군은 안보와 국방이라는 방패 속으로 숨어서 변화의 요구를 묵살하게 될 것입니다. 인권의식이 희박한 대한민국에서도 인권의 사각지대라 할 수 있는 군대가 인권 수호의 군대로 거듭나는 길은 시민들이 늘 지켜보고 있다는 사실을 끊임없이 알려주는 일이지 않을까 합니다.

3

★

우리 사회 혐오 읽기-
여성과 성소수자를 중심으로

여자를 싫어하지 않는데 여성혐오라고?

요즘 메갈리아에 대한 이야기가 많이 들려옵니다. 혹시 메갈리아에 대해서 알고 있나요? 메갈리아는 웹 커뮤니티 디씨갤러리에서 형성된 갤러리로 원래의 이름은 메르스 갤러리에서 온 메겔이라고 불리던 곳입니다. 이곳에서는 각종 갤러리에 있었던 여성들을 향한 혐오를 미러링하는 글들이 올라와 있습니다. 그래서 많은 매스컴들은 이것을 남성혐오의 대두 또는 이성 간 혐오라고도 표현하기도 했습니다. 저는 이러한 현상이 이전까지 있어왔던 여성들에게 향하는 말들을 그대로 역지사지처럼 반사해 보여주는 것 같았습니다. 결국은 남성에 대한 혐오가 아니라 여성에 대해서 비하하고 폭력적인 행동을 행하는 '남성성'을 비판하고 균열내려고 하는 것이라고 보였습니다. 메갈리아는 "너네들이 이렇게 하고 있다."를 보여주는 것입니다. 여성혐오를 혐오한다고도 할 수 있습니다. 그리고 각종 남초 커뮤니티의 남성성을 가득 담은 단어들을 다시 사용하고 남성성을 향한 비판으로서 그 언어들을 사용하면서 새롭게 여성혐오를 향한 비판적 도구로 사용하는 것 같았습니다. 분명히 전복적인 행동이라고 여겨졌습니다.

하지만 메갈의 글들은 순식간에 게시판 관리자 측에 의해 각종 욕설, 성기 이야기 등은 차단이 되었습니다. 당연하다고 생각할 수 있습니다. 듣기 불편한 이야기니까요. 근데 며칠 만에 이러한 일이 일어난다는 게 놀랍습니다. 이전 각 커뮤니티의 여성을 향한 똑같은 말들은 아주 오랫동안 게시판에서 사용하고 게시할 수 있었습니다. 듣기 불편해서 당장에 금지해버리고 차단한 것들을 여성을 향해서는 계속 사용해왔습니다. 그런 식으로 써도 된다는 말일까요? 저는 이러한 모습들을 보면서 남성성이 갖는 권위와 권력 그리고 그것을 정당화하기 위해서 여성들을 비하하는 모습이 그저 웃고 즐기는 재밌는 요소로 사용된다는 생각이 들었습니다. 여성에게는 혐오스런 말을 할 수 있으면서 남성들을 향해서는 그렇게 해서는 안 된다고 하는 것입니다.

그렇다면 여성혐오라는 것이 무엇일까요. 2014년 12월 한국여성단체연합에서 발표한 온라인상의 여성혐오 표현 모니터링 보고서[25]에서는 여성혐오를 일차적으로 '여성에 대한 증오와 멸시, 그리고 편견을 포함하는 정서'로 정의하여 분석하고 있습니다. 이러한 정의는 상황적 · 사회적 맥락에 따라서 유동적일 수 있지만 현재 우리가 쉽게 접하는 온라인상의 여성을 대상으로 한 폭력적인 발언과 대상화된 발언들과 여성들을 편견으로 일반화하는 발언들 모두 여성혐오라고 할 수 있습니다. 이러한 여성혐오는 온 · 오프라인을 가리지 않고 사회 곳곳에서 찾아볼 수 있습니다.

이 글을 쓰던 중, 얼마 전 ROTC 행사와 관련된 아르바이트 자리 글이 화제가 되었습니다. 그 이유는 행사에 아르바이트생을 구하는데 특정 키와 몸무게를 조건으로 제시하고 55사이즈에 짧은 치마가 어울리는 여성을 찾는다고 했습니다. 그리고 이러한 조건을 확인하기 위해 전신사진을 달라고 하였습니다. 그리고는 남자들만 있는 칙칙한 자리에 '꽃'이 되어달라고 구인 광고를 올렸습니다. 이러한 광고는 정말 은연중에 사회에 박혀 있는 여성혐오적 시선이 잘 드러난다고 생각합니다. 앞서 이야기한 정의에 빗대어 보면 남성에게 위로와 안정, 정서적 도움을 주는 존재로서 여성을 바라보는 편견이 드러나 있습니다. 그렇게 여성은 남성과 같이 주체적이고 능동적인 사람이 아닌 하나의 '꽃'과 같은 대상으로 여전히 여겨지는 것입니다. 이와 더불어 예쁜 '몸매'를

25 김수아 · 허다운. 「온라인상의 여성혐오 표현 모니터링 보고서」. 한국여성단체연합. 2014. 2. p.2.

© 단청

© 인권재단사람 제공

조건으로 여성에게 오로지 성적인 이미지만 투영하고 있습니다.

그리고 흔히 들려오는 김여사와 김치녀라는 말이 있습니다. 이 두 단어는 어떠한 사건을 계기로 만들어진 단어인데, 현재 온라인 · 오프라인 상에서 일반 여성을 향한 멸시와 증오를 담은 의미로 확대되었습니다. 특히나 김치녀의 경우에는 여성에 대한 모욕 차별 그리고 폭력의 대상으로서 사용되고 있습니다. 여성을 폭력의 대상으로 바라보고 때려야 한다는 식의 혐오와 외모 비하, 차별은 이러한 여성혐오인 '김치녀'에 대표적인 인권침해라고 할 수 있습니다.

분명한 것은 이러한 이야기들은 빈번하게 온 · 오프라인 상에서도 일어나고 쉽게 접할 수 있다는 것입니다. 그리고 사회에 암묵적으로 담겨 있는 여성혐오적 태도는 분명히 더욱 많을 것입니다. 2013년 방심위 시정내역에는 여성 · 지역 · 외국인 차별과 비하 내용의 글이 292건으로 가장 많이 삭제되었으며, 음란성 글은 176건으로 그 다음으로 많았다는 사실을 통해서도 쉽게 알 수 있습니다.[26] 여성혐오는 복잡한 가부장적 사회와 남성중심적인 사회에서 주로 만들어졌다고 할 수 있습니다. 이러한 여성혐오는 분명히 남성중심적인 사회에서 여성의 인간으로서의 주체성을 무시하는 행동입니다. 인권은 인간일 수 있는 그 자체의 정당성

26 송혜영. [국감]최민희 의원 "일베 일반게시판에도 음란물 투성이". 2015. 11. 10. 전자신문.

과 권리입니다. 하지만 여성이라서 증오의 대상이 되고 멸시당하고 시시때때로 폭력에 노출되는 사회에서는 여성은 인간으로서 삶을 보장받기 어렵습니다. 이러한 여성의 인권을 침해하는 여성혐오를 우리는 그저 지나가는 이슈로만 남길 수는 없습니다. 여성은 사회를 구성하는 일원입니다. 그래서 여성이 남성성의 종속으로부터 벗어나 한 사람으로서 살아갈 수 있는 인권도 필요합니다. 여성은 차별받고 인권이 침해되는 대상이 아닌 주체적인 인간임을 고민하고 이를 무시하고 폭력에 내모는 여성혐오를 사회 근간부터 없애야만 합니다.

당신은 언제부터 이성애자였습니까?

2015년 6월 28일 시청에서는 무지개 물결이 출렁거렸습니다. 성소수자 인권을 이야기하는 여러 단체들과 개인들이 함께 모여서 퀴어 퍼레이드가 진행되었습니다. 많은 사람들이 자신들이 이제껏 감춰오며 지냈던 시간들을 뒤로하고 그 공간 그리고 그 시간 동안만큼은 모두들 즐겁게 퍼레이드를 함께했던 기억이 납니다. 하지만 이 퀴어 퍼레이드의 날짜가 원래는 이 날이 아니었다는 걸 알고 계신가요. 원래는 6월 13일 대학로에서 진행될 예정이었습니다. 하지만 사전 기획하는 과정에서 성소수자를 혐오하는 사람들이 가로막았습니다. 그뿐만 아니라 신촌 등 다양한 집회를 할 수 있을 만한 공간에 성소수자를 혐오하는 사람들이 허위 집회신고를 해놓았습니다. 결국 주최 측은 이런 판단하에 장소를 옮긴 것 같았습니다. 6월 28일이라는 날짜는 6월 13일에서 혐오세력에 의해 옮겨진 것입니다.[27] 혐오세력들은 그렇게 자신의 삶을 위해 목소리를 내는 사람들을 가로막았습니다. 자신들이 옳다는 이야기를 하면서. 이런 성소수자를 향한 혐오의 목소리는 정말 지겹게 나오고 있습니다.

얼마 전 KBS이사 조우석 씨는 한 토론회에서 성소수자 인권 활동가를 향해 '더러운 좌파'라는 비난을 했습니다. 3부류의 좌파가 있다고 하며 그중 한 부류를 성소수자(발언 상 동성애자) 인권 활동가를 더러운 좌파라고 표현한 것입니다. 심지어 정확한 활동가 이름까지 거론하며 애인이 에이즈 환자라는 이야기를 근거로 더럽다고 표현한 것입니다. 심지어 공영방송인 KBS에 이사로 있는 사람으로서 사회 구성원을 감정적인 비난을 통해서 배타시키는 이러한 태도는 공영방송사의 이사로서 적격한 사람인지 의문이 들게 합니다. 성소수자를 향한 혐오는 일상에서도 생겨나지만 이렇게 공적으로 공공연하게 발생하고 있습니다. 성소수자라는 이유만으로 공적인 비난을 받고 인신공격을 당하는 것이 현실입니다.

혐오세력들은 어떠한 의도에서 이야기하는지 모르겠습니다만, 이 사회에서 성소수자라는 이유만으로 사람들 앞에서 투명인간이 되어버린 사람들에게는 말할 수 없는 무거운 마음의 상처가

27 [참고] http://www.kqcf.org/ (퀴어문화축제)

남습니다. 자신보다 약한 사람(사회적 소수자, 권력적 약자)들을 괴롭히면서 자신들을 정당화하고 옳다는 것을 확신하는 혐오세력의 행동은 살인 위협과 같습니다. 그들에게서 성소수자는 별다른 이유 없이 그저 사랑한다는 것만으로도 죄를 지은 것이고 이 사회에서 사라지거나 교정되어야 하는 것이니까요. 그렇지만 자신의 젠더와 섹슈얼리티를 자신이 결정한다고 해서 죄를 짓는 것이라 할 수는 없습니다. 이는 사람의 다양한 모습일 뿐입니다.

"넌 언제부터 이성애자였니?"라는 질문을 들어보셨나요. 저도 들어보지 못했습니다. 왜 못 들어보았던 것일까요. 너무나도 당연하기 때문에 그것이 대부분의 모습이기 때문에 그렇습니다. 그렇지만 이제는 항상 되묻고 싶어집니다. "언제부터 이성애자였고 당신은 언제부터 이성과 잠을 자고 싶은 상상을 하게 되었는지요?"라고 말이죠. 항상 당연하게 여겨온 생각은 반드시 옳다고 할 수 없습니다. 더 이상은 다양한 사람들의 성별 정체성, 성적 지향 그리고 성별 표현 등 이 자신들의 주체성을 실현시키는 데 차별과 폭력의 원인으로 남아서는 안 될 것입니다.

젠더와 섹슈얼리티는 인간의 모습이다

앞에서 이런 성과 관련된 혐오들을 간략하게 다뤄보았습니다. 여러 혐오들이 있겠지만 특별히 여성과 성소수자 혐오를 같이 이야기하는 건 여성과 성소수자 모두 '성'(sex, sexuality, gender)으로 판단되고 차별과 혐오를 받기 때문입니다. 사실 눈앞에서 너무나도 쉽게 그리고 모르게 일어나는 것이 여성, 성소수자 혐오라고 생각했습니다. 성이라는 것은 분명히 존재하지만 드러내기 어려운 부분입니다. 그리고 자신이 '반드시' 선택한 것이 아닌데도 폭력과 차별에 놓이게 됩니다. 이러한 폭력과 차별은 여성, 성소수자 혐오라는 형태로 드러나는 것입니다. 그리고 이러한 혐오는 다양한 '성'을 폭력의 대상으로 놓으며 이를 바탕으로 한 많은 주체성과 실천을 방해하고 부정합니다. 그렇게 함으로써 인간이 인간 그대로 살아가기 어려워집니다. 남성이고 비성소수자인 사람만이 완전하다는 생각을 가지고 행해지는 '성'을 향한 혐오는 폭력적이고 받아들이기도 힘든 인권침해입니다.

사람들은 다양한 정체성으로 이루어져 있습니다. 그렇기 때문에 모두가 완벽하게 차별과 혐오에서 벗어나기가 매우 어렵습니다. 한 예로 저는 한 명의 사람이지만 돈이 없는 학생, 아시아인이기도 한 거지요. 이런저런 층위에서의 내 모습들이 '나'를 만들어가는 것 같습니다. 그리고 살아가면서 특별히 불편함을 느끼지 않을 수 있겠지만, 어떤 사회적 상황에 처하는가는 지금의 상황으로 모든 걸 단정 지을 수 없기도 합니다. 예를 들면 불의의 사고로 장애를 가지게 된다거나 아니면 다른 나라로 이민가게 된다면 그곳에서는 이주민이기도 하고 다른 인종에 속하게 됩니다. 이런 생각들 때문에 혐오와 차별에 목소리를 내게 되는 것 같습니다. 물론 지금 나의 모습을 다분히 쪼개놓으면 어떤 지점에서는 사회적인 우위를 가지고 있을지도 모릅니다. 하지만 이것을 조금은 뒤로 하고 사회적으로 차별과 혐오에 목소리를 내는 것이 지금 차별과 혐오를 받는 사람들이 그들의 인권을 지킬 수 있을 뿐만 아니라 언젠가는 그리고 지금 당장도 나의 목소리가 될 수 있기 때문입니다.

여러분은 어떠신가요? 여러분의 정체성은 어떤가요? 어떤 차별을 받고 있지 않나요? 계속 차별과 혐오를 받을 일이 없다고요? 그렇다면 "나는 혐오 받을게 없어." 하는 쉬운 답변으로 무시하기에는 어려운 목소리가 들릴 것입니다. 다양한 정체성을 고민한다면 우리는 각각의 개인이 스스로 규정한 젠더와 섹슈얼리티의 모습과 관련된 인권을 실현할 필요성을 보다 이해할 수 있습니다. 여성과 성소수자라는 정체성은 스스로 자신을 받아들이는 것 없이 타인을 통해 인위적으로 바꾸어지고 규정할 수는 없는 인간의 모습입니다. 그렇기 때문에 더더욱 여성과 성소수자의 인간이기 위한 권리를 주장하는 목소리를 함께 내어야 합니다.

4

★

광화문역에는 장애인이 살고 있어요

광화문역 지하도를 지나며 보셨을지 모르겠지만 그곳에 머물고 있는 장애인들이 있습니다. 지하철을 타기 위해 기다리고 있는 장애인들이 아닙니다. 광화문 역사 내에서 3년 넘게 거리농성을 이어가는 장애인들입니다. 3년이면 1,000일이 넘는 시간인데 한 번도 거르지 않고 지나다니는 사람들을 향해 장애등급제 · 부양의무제 폐지를 위해 서명을 해달라고 이야기하고 있습니다. 힐끗 보고 지나가는 사람들의 무심한 태도로 상처를 받았을 법한데 이들은 광화문역을 떠날 수 없다고 말합니다. 사람들이 지나다니는 통로에 방해되지 않게 한쪽에는 서명을 받는 분들이 있고, 그 반대편에는 11개의 영정사진이 놓여 있습니다.

이 글을 읽는 여러분들도 바쁜 걸음을 옮기느라 주변을 돌아보지 못하고 그냥 지나쳤을지 모르겠습니다. 아니면 시민들에게 불편을 주는 그 자리에서 농성을 하고 있다고 불만을 품었는지도 모르지요. 지하철 역사 내에 농성장이 있어 놀라는 분들이 있을지 모르겠지만 광화문역을 떠나지 못하는 장애인들은 영정사진이 더 늘지 않기만을 바라고 있습니다. 장례식장에 있어야 할 영정사진이 광화문역 지하도에 덩그러니 있다는 건 구구절절한 사연이 있다는 뜻인데 이름 모를 장애인의 죽음은 우리 사회에서 그리 잘 알려져 있지 않습니다. 어쩌면 장애인들이 거리농성을 택한 이유도 더 많은 사람들에게 죽음의 사연들을 더 알리고 싶어 그곳을 떠나지 못하고 머무는 것인지 모르겠습니다.

고작 열 걸음인데

영정사진 중 한 명이 송국현이라는 분입니다. 찡끗 웃는 모습이 매우 인상적입니다. 사진으로만 보면 그가 어떤 장애가 있는지 알 수가 없습니다. 또 어떤 이유로 돌아가시게 되었는지도 잘 모릅니다. 고(故) 송국현 씨는 27년간 장애인거주시설에서 생활하다가 2013년 10월 지역사회로 나왔습니다. 뇌출혈로 인한 뇌병변장애 5급과 언어장애 3급 등으로 활동지원서비스가 필요했지만, 종합 장애등급 3급으로 이 서비스를 이용할 수 없었습니다. 정확히 말하면 신청자격조차 주어지지 않았습니다. "밥통에 쌀을

활동보조 생활시간을 보장하라고 요구하고 싸워왔던 그녀는, 결국
참변을 당하고 말았다.
요한 사람에게 24시간 보장이 되었더라면, 그녀는 활동보조인의
와 같은 참변은 충분히, 너무도 당연히 막을 수 있었을 터이다.
무도 억울하게 너무도 처참하게 죽었다.

© 광화문공동행동 제공

씻어 통을 들어야 하는데 팔힘이 없다", "혼자서는 목욕, 빨래, 양치질을 할 수도 없었다", "물건을 사는데도 혼자서 할 수 없고, 사람들에게 부딪히면 넘어지기 일쑤"라고 호소했지만 국민연금공단 장애심사센터에서는 그에게 활동지원서비스를 이용할 수 없는 등급을 매겼습니다.

장애인들이 거주하는 시설에 가서 봉사하는 건 선행을 베푸는 일이라고 칭찬받을지 몰라도 그들이 스스로 원해서 그곳에 머물고 있는지 묻지 않습니다. 그냥 당연하다고 생각합니다. 하지만 다르게 생각해보면 내가 선택하지 않았는데 시설에 머물고 있어야 한다면 그것만큼 답답하고 힘든 일은 없을 겁니다. 송국현 씨는 이런 말을 한 적이 있다고 합니다. "가고 싶은 곳에 가고 싶습니다. 야학에 가서 공부를 하고 싶습니다. 꽃구경도 가고 싶습니다. 모임에서 나들이를 갈 때도 같이 가고 싶습니다." 너무나 평범한 그의 바람들은 결국 이루어지지 못했습니다.

2014년 4월 13일 그의 집에 불이 났습니다. 열 걸음이면 현관을 빠져나가 목숨을 구할 수 있었지만 그는 피할 수 없었습니다. 이웃 사람이 누가 있느냐고 소리쳤지만 그는 대답할 수 없었습니다. 활동보조인도 없었고 살려달라는 말도 나오지 않았습니다. 결국 전신 3도 화상을 입고 입원했지만 치료를 받는 도중에 세상을 떠나게 되었습니다. 고작 열 걸음이었는데 움직일 수 없었습니다.

정육점에 내놓은 쇠고기 돼지고기 같아요

송국현 씨와 같이 안타까운 사연을 가진 장애인들의 영정사진이 광화문역 지하도에 있습니다. 활동보조인이 퇴근한 사이 발생한 화재로 목숨을 잃은 김주영 씨도 있고, 부모가 일을 나간 사이에 화재로 숨진 박지우, 박지훈 장애아동 남매도 있습니다. 부모와 함께 산다는 이유로 활동지원시간을 충분히 받지 못한 오지석 씨는 부모와 활동보조인이 없는 사이 호흡기가 떨어져 돌아가셨습니다. 모든 이들을 다 기억할 수는 없지만 살 수 있었던 이들이 왜 죽을 수밖에 없었는지 그 이유에 대해 알았으면 합니다.

농성장을 지나다보면 장애등급제와 부양의무제를 폐지하라는 목소리를 듣게 됩니다. 용어도 낯설고, 장애가 없거나 기초생활수급으로 살고 있지 않는 한 나와 상관없는 일로 치부해버리기 때문에 어떤 제도를 말하는 것인지 알 수가 없습니다. 하지만 사람이기 때문에 누려야 할 인권이 특별한 조건에 따라 배제된다면 그것은 함께 사는 사회로 나아간다고 말할 수 없을 것입니다.

인간의 몸에 등급을 매긴다는 것 자체가 너무나 행정편의적이고 반인권적이지만 만들어놓은 등급제조차 장애인들이 원하는 욕구를 반영하지 못하기 때문에 문제가 많이 발생하고 있습니다. 장애 1급, 2급 일부에게만 장애인의 생활을 돕는 활동보조인이 지원되기 때문에 장애 3급을 받은 송국현 씨는 이 서비스를 이용할 수 없었습니다. 또 장애등급 재판정 때마다 등급이 하향 조정되고 있다는 이유 때문에 박지우 · 박지훈 남매의 부모는 장애인 활동지원제도 신청을 포기했습니다. 이음장애인자립센터 이규식 소장은 이렇게 이야기합니다. "내가 마치 정육점에 내놓은 쇠고기 · 돼지고기 같아요. 가장 맛있고 쫄깃한 고기가 1등급을 받잖아요. 사람에게 등급을 매기다니요. 정말 기분 나쁩니다."

국민기초생활보장법의 부양의무자 기준도 문제입니다. 부양의무자는 부모와 자식, 부부간엔 서로에 대한 부양의무가 있다고 하는 것인데, 그 기준이 누군가에게는 독으로 작용하고 있습니다. 가령 장애인의 경우 시설에서 나와 수급자가 되려고 해도 부모가 살아 있다면 부모 소득을 통해 자신의 수급 여부가 결정됩니다. 서류상엔 부모가 존재하지만 실제로 가족관계가 단절되었다면, 각종 서류를 통해 가족관계 단절 여부를 증명해야 합니다. 2012년 거제시청 앞에서 70대 할머니가 독극물을 들이키고 목숨을 끊은 일이 있었습니다. 사위의 소득이 증가하자 기초생활수급에서 탈락한 할머니의 절망이 죽음의 이유였습니다. 물론 사위에게 용돈을 더 받을 수 있고, 단칸방보다는 좀 더 나은 삶도 있을 수 있었겠지만 많은 사람들이 그렇듯 가족에게 부담을 지우고 싶지 않은 마음이 컸습니다.

정부는 돈이 많이 든다고 법 개정에 난색을 표하고 있습니다. 부양의무자 기준을 삭제하면 약 6조 8천억 원의 예산이 더 든다고 합니다. 현재 기초생활보장제도로 한해 중앙정부의 투입재정이 약 8조 원이기 때문에 약 15조 정도의 예산이면 부양의무자기준을 폐지할 수 있습니다. 많은 돈일 수 있지만 사실 따지고 보면 우리나라 GDP의 1% 수준입니다.

장애인들의 특별한 요구가 아닙니다. 유엔 장애인권리위원회(Committee on the Rights of Persons with Disabilities)는 2014년 10월 한국의 장애등급제에 대해 의료적 평가에만 의존하고 다양한 장애인의 욕구를 고려하지 못한다고 우려를 표명하며 장애인복지법을 재검토하라고 권고했습니다. 한국정부도 비준한 유엔 장애인권리협약을 제대로 지키지 않았다는 이유였습니다.

장애등급제와 부양의무제는 가난한 사람을 더 절망하게 하고 치욕스럽게 만드는 제도입니다. 이들은 요지부동인 정부에게 조금이라도 더 큰 목소리가 들릴 수 있게 청와대와 가까운 광화문역에서 3년 넘게 노숙을 하며 장애등급제 부양의무제 폐지서명을 받고 있는 것입니다.

365일 불편한 사람들, 증명해야 할 것은 가난이 아니다

지하철에 엘리베이터가 있고, 저상버스를 타는 건 이제 익숙한 일입니다. 특히 어르신들이 대중교통을 이용하기가 매우 편해졌습니다. 하지만 많은 분들이 모르는 건 그 엘리베이터나 저상버스가 장애인들과 어르신들의 편의를 위해 국가가 자연스럽게 마련해준 것이 아니라는 것입니다. 집 안에서만 머물지 않고, 밖에 나가 사람들을 만나고 계절마다의 아름다움을 느끼고 싶다는 장애인들의 소박한 바람을 끊임없이 요구했기 때문입니다.

광화문역에 살고 있던 장애인들이 거리로 나왔습니다. 횡단보도를 막고 5분에서 10분 정도 머물러 있으며 '장애등급제 부양의무제 폐지'를 외쳤습니다. 길을 막고 있다는 불편함 때문에 시민들의 욕설이 끊이지 않았습니다. 집에나 처박혀 있지 왜 이곳에 나왔냐고 화를 냈습니다. 만약 여러분들이 그 도로에 있었다면 어땠을까요? 수업을 가야 하는데 지각이라도 했다면? 친구와의 약속을 지키지 못하는 상황이 되었다면? 아마 불편했을 거고, 화가 났을 겁니다. 왜냐하면 다른 누군가에 의해 내가 피해봤다는 생각이 드니까요.

하지만 다르게 생각해봅시다. 교통이 막히는 건 아주 잠시이지만 신체적 장애를 가진 이들에게 불편은 평생일 수 있습니다. 얼마나 아픈지, 얼마나 가난한지 스스로 증명해야 하고 목숨을 끊을 만큼 절박한 삶이 계속되고 있는데 이들을 바라보는 사회적 시선은 개인의 무능을 탓하거나 잠시의 불편도 함께 나눌 수 없는 상황입니다. 그래서 더 말하고 싶을 거고, 붙잡고 싶을 것입니다.

전국장애인차별철폐연대의 박경석 대표가 이런 이야기를 했습니다. "저희가 왜 도로를 막을까요. 누군가에게는 출 · 퇴근길에 막히는 5분, 10분이 세상을 뒤집을 정도로 짜증나죠. 우리가 장애등급제와 부양의무자 기준을 폐지하자고 외치는 3년 동안 농성장엔 열한 분의 영정이 놓였습니다. 이런 것들을 시민들에게 얘기하고 싶어요. 시민 분들이 짜증내는 것을 5분 동안 온몸으로 받아도 좋습니다. 하지만 그 시간의 100분의 1이라도 우리의 외침에 대해 생각하고, 100분의 1이라도 권력의 잘못에 관해 이야기해주면 좋겠다는 것입니다."

장애등급제 부양의무제 폐지를 위한 광화문 농성이 언제까지 지속될지 모르겠습니다. 끊임없이 말한다는 것이 쉽지 않은데, 엘리베이터를 만들고 저상버스를 도입시켜 많은 사람들이 대중교통을 이용할 때 편해진 것처럼 분명 장애인들의 농성은 그들만의 농성이 아닙니다. 복지는 인간이기 때문에 당연히 요구할 수 있는 거고, 그대로 보장받는 것이지 증명하는 것이 아닙니다.

광화문역에 머무는 장애인들이 섬처럼 외롭지 않게 지낼 수 있으면 좋겠습니다. 좀 더 나은 사회를 만들기 위한 사람들이 광화문에 있습니다.

5

★

다름으로 차별받지 않는 사회, 세계시민으로 함께 살아가기

"도서관에 한국 책이 많네요.
아이들이 한국 책을 읽을 수 있나요?"

첫 다문화도서관인 지구별상상이 있는 수원은 전국 외국인 거주율 3위인 도시입니다. 도서관의 한국 그림책들을 보며 다문화 가정의 아이들이 한국어를 읽을 수 있는지 물어보는 분들이 있습니다. 이분들은 다문화 가정의 자녀들이 한국어가 서툴고 언어장애가 있을 거라는 선입견을 가지고 있습니다. 일반적으로 다문화 가정 자녀라고 구분하는 국제결혼 가정의 아이들은 대부분 한국에서 태어나고 자랐습니다. 당연히 아이들은 한국어가 유창하지요. 한국 사람이니까요. 우리가 접하는 미디어는 왜곡되거나 편파적인 내용으로 보도될 수도 있다는 사실을 인지하고 있는 사람들은 생각보다 많지 않습니다. 우리는 미디어가 생산하고 주입하는 대로 생각하는 사람들이 되었는지도 모릅니다.

비정상회담과 이주민

세계 정상 회담을 본따서 만든 JTBC 〈비정상회담〉을 본 적이 있나요? 한국어를 유창하게 구사하며 토론하는 잘생긴 외국 청년들의 모습은 우리에게 색다른 느낌을 주었습니다. 무엇 때문에 우리는 낯설어했을까요?

비정상회담의 대표들은 이주민인데 우리가 흔히 떠올리는 이주노동자의 모습이 아니었기 때문입니다. 2~3개국의 언어를 자유롭게 구사하는 트렌디한 지식인, 전문인의 모습은 우리에게 낯선 외국인, 이주민의 모습이었죠. 사실 국내에는 유학생, 결혼이민자, 직장인, 방송인 등으로 살고 있는 그들처럼 다양한 직업을 가진 이주민들이 함께 살고 있습니다. 단지 우리가 원하는 이미지대로만 바라보고 있을 뿐입니다.

이주민이란 누구일까요? 이주민(移住民)은 다른 곳으로 옮겨 가서 사는 사람. 또는 다른 지역에서 옮겨 와서 사는 사람을 뜻합니다. 다른 지역의 대학교에 합격해서 자취를 하는 대학생, 직장을 찾아 서울에 살고 있는 직장인 등 교육, 직장, 경제적인 문제로 이사를 다니는 우리도 국어사전의 범주 안에서는 이주민이라고 할 수 있지만, 국경을 이동하는 사람들을 뜻하는 경우가 더 많습니다. 요즘은 한국에서 태어나 살고 있는 사람들을 먼저 살고 있던 사람이라고 해서 선주민이라고 표현하기도 합니다. 선주민과 이주민의 경계를 넘어 지구화, 세계화와 이에 따른 이주 현상은 전 세계가 고민하고 있는 과제입니다.

한국의 이주민 현황과 다문화수용도

2015년 한국에 체류하는 이주민은 177만 명(2015년 1월 기준)으로 국내 총인구의 3.4%입니다. 이주민의 체류 유형으로 살펴보면 이주 노동자는 76만 명으로 가장 많은 수를 차지하죠. 결혼이민자는 15만 명으로 결혼 후 귀화자 10만 명을 포함하면 25만 명이며 외국국적 동포는 29만 명이 거주 중입니다. 이주민의 국적별로는 중국이 918,951명(51.8%)으로 가장 많고, 미국 134,490명(7.6%), 베트남 129,423명(7.3%), 필리핀 51,836명(2.9%) 순입니다. 지역별로는 수도권에 60% 이상이 거주하고 있고, 국내 거주 체류 외국인의 숫자는 매년 증가하고 있답니다.

방송에 나오는 외국인들과 다문화 사회라는 용어가 익숙해졌다고 한국사회의 다문화 수용도도 높아진 것은 아닙니다. 외국인에 대한 한국인의 인식 조사를 보면 한국인은 선진국, 서구문화, 백인에게 개방적이고 비서구문화와 유색인종에게는 폐쇄적인 태

한국 체류 이주민 수(2015년 1월 기준)

177만 명(국내 총 인구의 3.4%)

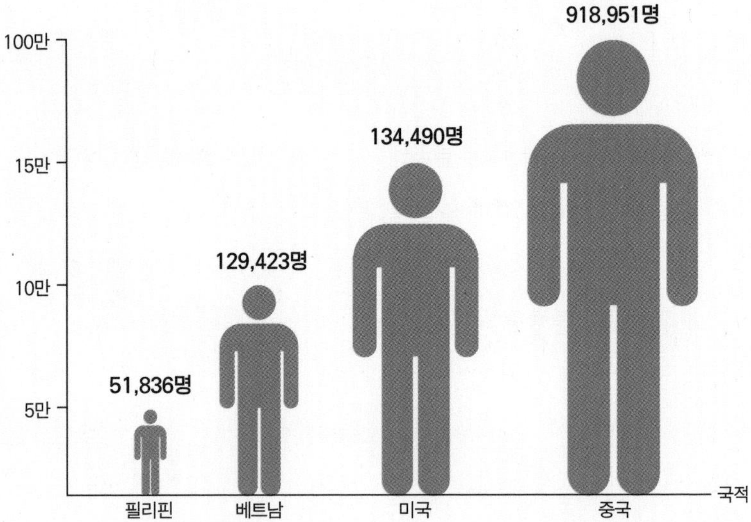

도를 드러냅니다. 이러한 한국인의 이중적인 인종적 편향성과 편견은 다양한 외국인의 유입이 매년 증가하고 있는 우리 사회에 문제가 될 수 있지요. 이주민들은 학력이 높다고 해도 인종과 언어, 문화적 차이로 인하여 주류 사회에 진입하기가 힘듭니다. 인간으로서 누려야 할 기본적인 권리도 보장받지 못하고 인권의 사각지대에 놓여 있는 경우가 많습니다.

이주노동자: 사람답게 살고 싶어요. 보편적 인권으로의 외침

국내 체류 외국인 중 가장 많은 수를 차지하지만 언제나 정책적으로 배제당하는 이주노동자의 인권 문제는 심각합니다. 국가인권위원회의 이주민 관련 진정사건은 인권침해와 차별행위로 구분하는데 인권침해사건이 90%를 차지하죠. 인권침해사건을 살펴보면 인간의 존엄성, 신체의 자유, 거주 이전의 자유 등과 같은 보편적 권리들입니다. 이주노동자 상담소의 단골메뉴인 사업주의 폭언, 폭력, 임금체불, 산업재해와 일맥상통하지요. 차별행위사건은 출신국가로 인한 차별이 반 이상을 이루고 있습니다. 이들이 처한 열악한 노동환경을 보여주는 대표적인 사례인 연근해어업 선원 이주노동자들의 피해사례를 보면 '근로기준법'과 '최저임금법'의 노동권조차 적용되지 않은 것을 알 수 있습니다.

"선원 이주노동자들은 1일 평균 근로시간이 무려 20시간에 달해

우리는
이주노동자를
환영한다
ww.alltogether.or.kr 다함께
Migrants
are
Welcom
Here
© 연합뉴스

휴일이나 휴식은 무의미했다. 이들은 '폭행, 집단따돌림, 욕설과 폭언, 작업 중 부상, 무시, 무휴가, 감시와 통제, 신분증 압류' 등 거의 모든 종류의 인권침해를 경험하고 있는 것으로 조사되었다."

(한양대글로벌다문화연구원, 2011)

국내의 이주노동자에 대한 유입과 정책은 '고용허가제'를 따르고 있지요. 하지만 노동자의 인권보다는 고용인의 입장에서 만들어진 제도로 노동자의 사업장 이동의 선택권 제한 등 다양한 문제를 가지고 있습니다. 오히려 미등록 체류자를 양산하게 하는 제도가 되어버려 개편이 시급하답니다. 또한 이주 여성 노동자들의 경우 성희롱과 성차별의 위협에 상시적으로 노출되어 있습니다. "내 코가 석자. 나도 먹고 살기 힘들어."라고 말하는 청년이 있다면 이 말을 해주고 싶네요. "노동자의 권리는 모든 일터에 영향을 미친다."

이주아동: 저는 국적이 없어요. 학교에 다니고 싶어요

이자스민 의원이 발의한 '이주아동 권리보장 기본법'에 대한 찬반논의가 뜨겁습니다. 이 법은 미등록 체류자를 포함한 국내 거주 외국인의 18세 이하의 아동에게 교육 및 의료를 보장하고 다른 아동에 대해 차별받지 않게 한다는 인권보장이 주요 골자입니다. 2014년 말 정청래 의원이 비슷한 내용의 법안을 발의했을 때는 이슈가 되지 못했습니다.

국내에는 국제 결혼 가정 자녀, 외국인 가정 자녀, 중도입국 청소년, 미등록 이주아동 등 다양한 이주아동들이 있습니다. 이주아동들은 교육, 의료, 복지 등의 다양한 사회권에서 차별받고 있는데 국적권과 학습권이 가장 큰 쟁점입니다.

국제 결혼 가정 자녀는 국적법 제2조 1항에 따라 국내 출생과 동시에 국민이 되고 국민으로서의 모든 권리를 보장 받습니다. 하지만 미등록 이주아동은 본인과 부모의 불안정한 체류자격으로 병원진료, 보육서비스, 학교진학뿐만 아니라 부모와 함께 살 권리도 보장받지 못하고 있지요. 영유아기 때부터 열악한 주거환경에서 자라고 부모의 단속과 강제출국에 대한 불안 때문에 안정된 보호와 교육도 받을 수 없습니다. 이 아이들은 한국에서 태어나 한국이 고향인 아이들입니다. 미등록 체류자의 자녀라 지원하면 안 된다고요? 아동의 권리보장을 부모에게서 찾는 것은 일종의 연좌제와 같은 것입니다. 아이들은 어떠한 이유로도 다른 아이들과 차별받아서는 안 된답니다.

이주아동들의 학습권은 학교장의 재량에 달려 있어 편입학을 거부당하기도 합니다. 어렵게 학교에 들어가더라도 같은 반 아이들의 배타적인 태도와 고정관념은 이주아동들의 학교생활과 적응을 어렵게 하지요. 이러한 경험은 이주아동들이 학교를 중도이탈하는 요인으로 작용하고 상급학교로 갈수록 이탈비율이 늘어나고 있습니다. 마음에 상처를 받은 아이들은 또래들과 어울리지 못하고 사회에 부적응한 채 성장합니다. 빈곤의 악순환이 반복되는 것이지요.

국제규약인 유엔아동권리협약은 세계의 모든 아동들은 사회적 신분, 출신국가, 인종, 체류자격에 상관없이 '생존권', '보호권', '발달권', '참여권', '교육권'을 가진다고 명시하고 있습니다. 사실 유엔아동권리협약은 국내법과 동일한 효력을 가지고 있습니다. 헌법 제6조 1항은 '헌법에 의하여 체결, 공포된 조약과 일반적으로 승인된 국제법규는 국내법과 같은 효력을 가진다.'라고 명시하고 있지요. 필리핀 출신의 이자스민 의원이 발의한 아동법안은 세계적인 아동권리협약의 내용과 같은 법안입니다. 이제 우리도 아동인권 국가로 발돋움하겠다는 뜻이지요. 하지만 외국인 출신 의원이 발의했다는 것만으로 논란이 되는 현실은 한국사회의 제노포비아(xenophobia, 외국인혐오증)의 단면을 보여주고 있어 씁쓸합니다.

국내의 이주민 인권분야는 갈 길이 멉니다. 이주민들에 대한 차별과 편견, 이주노동자에 대한 인권과 노동권, 이주아동의 국적권과 교육권, 그리고 지면상 이야기하지 못한 이주여성의 권리, 난민과 무국적자의 인정 문제, 미등록 이주민과 재외동포 문제 등 해결해야 할 과제들이 많습니다. 국내의 전반적인 인권의식이 높아질수록 이주민 인권분야의 문제들은 하나 둘 해결되겠지요. 모든 인권의 문제는 연결되어 있기 때문입니다.

이 시대 청년들의 과제는 사람이 사람답게 살고 싶다는 외침이

낯설게 느껴지는 보편적 인권이 보장받는 사회를 만드는 것입니다. 이미 답의 키워드를 알고 있으니 어려운 일만은 아닙니다. 존중과 배려, 이해와 소통! 그리고 행동!

사회의 다양한 소수자들의 이야기에 귀 기울이고 같이 아파하고 조그만 용기를 함께 내줄 가슴 뜨거운 청년들의 활동들이 이곳저곳에서 들려오기를 바랍니다. 이들의 이야기는 나의 이야기이고 우리의 이야기이죠. 언젠가 국경을 넘나들며 국내외 이주민이 차별받지 않고 평화롭게 공존하는 곳에서 세계시민으로 살고 있는 여러분을 만나길 기대해봅니다.

6

★

메르스는 아직 끝나지 않았다

2015년 여름, 대한민국 국민들은 메르스 공포로 우리의 삶과 일상이 통제당하는 고통을 받았습니다. 그렇게 두 달이 지나고 7월 28일 황교안 국무총리는 '메르스 대응 범정부 대책회의'를 통해 사실상 메르스 종식을 선언하였습니다. 그러나, 곧 80번 환자의 재발로 인해 종식선언은 연기되었고, 11월 25일 마지막 환자가 사망하고 난 뒤 12월 23일에야 'WHO 기준에 따른 상황종료'를 선언하게 됩니다. 사망자 38명, 확진자 186명, 격리자 16,752명(2016. 1. 18 기준)과 한국사회를 대혼란에 빠뜨렸던 사상 초유의 메르스 사태는 이렇게 사람들의 기억 속에서 잊히고 있습니다.

그리고, 지난 2016년 1월에 발표된 감사원의 '메르스 예방 및

메르스 일지

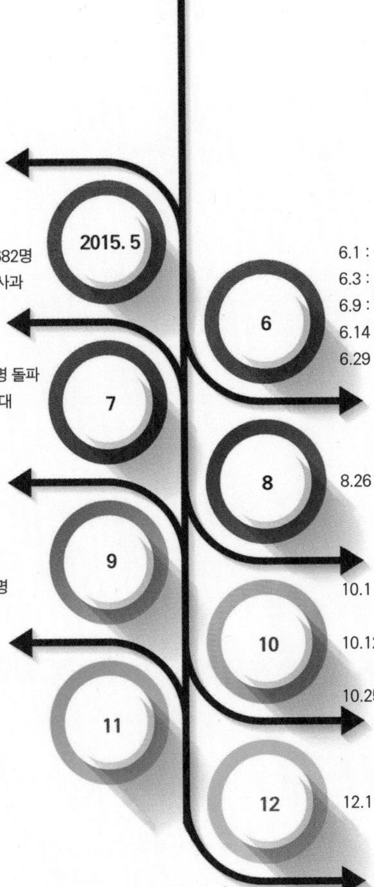

5.4 : 1번 환자 입국
5.20 : 1번 환자 메르스 확진
5.31 : 총 18명 확진 / 격리 대상자 682명
문형표 장관 '초기대응 미숙' 대국민사과

6.1 : 국내 첫 메르스 사망자 발생
6.3 : 격리자 1,000명 돌파
6.9 : 확진자 100명 돌파
6.14 : 삼성서울병원 부분 폐쇄 결정
6.29 : 메르스 환자 첫 격리 해제

7.2 : 메르스 확진자 중 퇴원자 100명 돌파
7.9 : 메르스 피해유족 국가/병원 상대 소송 제기
7.21 : 186번 마지막 감염인 퇴원
7.27 : 자가격리자 전원 해제

8.26 : 문형표 장관 사퇴

9.8 : 총 확진자 186명, 사망 36명, 격리해제 16,693명

10.1 : 정부 19일 메르스 종식 선언 예정
10.12 : 80번 환자 바이러스 재검출/종신선언 재검토
10.25 : 37번째 사망자 발생

11.25 : 80번 환자 사망

12.1 : 정부 메르스 위기단계 '관심'으로 낮춤

2016.1.18. 현재
치료중 환자수 : 2명
퇴원 환자수 : 146명
격리 해제수 : 16,752명
확진 환자수 : 186명
사망자수 : 38명

대응 실태' 조사 결과가 발표되었습니다. 지난해 메르스 확산 사태는 보건 당국의 초기 대응과 후속 조치 부실 때문이라는 공식적인 발표였습니다. 국민들은 정부의 초기 대응 실패와 이를 방치하여 확산시킨 책임에 대한 철저한 진상조사계획과 실효성 있는 재발방지대책을 기대하였지만 결국 책임자가 빠진 몇 명의 실무자만을 처벌하는 것으로 정부의 메르스 대책은 이렇게 마무리되었습니다. 국민들은 정부의 무책임한 태도에 또다시 실망할 수밖에 없는 상황입니다.

메르스 사태는 정부의 무능함과 부실한 대응이 키운 인재(人災)였습니다. 그럼에도 불구하고 이번 사태에서 드러난 의료체계 시스템의 부재와 부실은 전혀 해결되지 않았습니다. 특히 국민들이 느낀 분노와 정부의 불신도 해소되지 않았습니다. 국민들이 당한 고통과 그 고통의 원인과 의문이 해소되지 않은 채 이번 사태를 마무리 지은 것입니다. 이번 사태의 가장 큰 피해자는 국민들이었고, 홈리스, 기초생활수급자, 에이즈 환자 등 특히 우리 사회의 취약한 국민들에게 메르스는 사회적으로 깊이 자리한 차별과 불평등으로 인해 더 큰 피해와 상처를 남겼습니다."

사람 중심의 매뉴얼과 시스템은 없었다

이번 메르스 사태에서 보듯이 전염병은 국민들의 건강과 생명을 위협할 수 있기 때문에 국가는 적극적으로 전염병을 통제하고 확산을 방지해야 합니다. 그리고 그 과정에서 일어나는 격리, 정보 인권의 침해 등 개인의 건강권과 생명권이 제한되지 않도록 비차별적인 관리정책을 통해 국민의 인권도 보호하여야 합니다. 그러나 정부는 이런 원칙과 대응에 모두 실패하였습니다.

다시 첫 환자가 발생한 시점으로 돌아가보겠습니다. 정부는 첫 메르스 환자가 발생했는데도 이에 대비한 그 어떤 사전 대책이 없었습니다. 의심환자가 병원을 방문해도 준비가 전혀 되지 않았습니다. 오히려 일반 국민들에게는 전파가능성이 없다는 발표를 하였습니다. 결국 확진자는 급속도로 늘어났고 수많은 희생자를 낳게 됩니다. 이후 3차, 4차 감염의 가능성도 낮을 것이라고 예상했지만 그마저도 빗나갔습니다.

사태가 점점 심각해지고 국민들의 불안감과 혼란은 메르스에 대한 공포감으로 급속히 전파되었습니다. 사태를 진화하고 메르스 공포를 줄이기 위해 노력해야 할 정부가 오히려 국민과의 소통을 거부하고 정보도 투명하게 공개하지 않았습니다.

> "집에 가도 스스로 자가격리를 한 거예요. 같은 집에 살아도 따로 있거나 접촉을 최소화하고……기껏해야 인터넷을 뒤져서 알게 되는 게 많았어요."
>
> - 자가격리자

> "격리환자들도 준비가 안 된 상태에서 그냥 끌려오신 거예요. 안

에서 난리를 쳤어요. 출근해야 한다고, 빨리 퇴원시켜 달라고."

"보호자가 격리가 되는 것도 문제거든요. 미쳤다고 메르스 환자를 간병하겠어요? 돈을 아무리 준다 해도 간병인을 못 구하니까."

- 병원간호사 증언

·「인권 중심의 위기대응: 시민, 2015 메르스 유행을 말하다」 보고서[28] 중에서 ·

정부가 체계적인 방역대책 및 정보를 제공하지 않다보니 시민들이 직접 메르스 지도를 만들기도 하였고, 병원 현장에서는 음압시설이나 공기흐름이 어떻게 돌아가는지 교육 받은 적도 없어 병원 내 2차 감염을 막기 위해 실질적인 매뉴얼을 대부분 현장 간호사들이 만들기도 하였습니다. 또, 사상 최대의 자가격리를 낳았지만 비현실적인 대책으로 인해 인터넷을 뒤져 자가격리의 방법을 알게 되었다고 이야기하기도 했습니다. 병원에 격리되어 있던 환자들도 마찬가지였습니다. 집과 학교, 일터에서 일상생활을 하다 전혀 입원준비가 안 된 상태에서 갑자기 병원으로 끌려온 경우가 부지기수였습니다. 사람 중심의 매뉴얼도 사람 중심의 시스템도 없었습니다. 결국 국민들이 살아남기 위해 스스로 현장에서

28 「인권 중심의 위기대응: 시민, 2015 메르스 유행을 말하다」 자료집은 건강세상네트워크 홈페이지 www.konkang21.or.kr와 시민건강증진연구소 홈페이지 health.re.kr에서 전문을 보실 수 있습니다.

쓸 수 있는 강구책들을 만들어내야만 하는 상황이 된 것입니다.

"마스크라도 끼고 있어야 하지 않느냐고 했더니 회사에서 안 된다고, 당신이 마스크를 끼고 있으면 분위기에 해롭다고 안 된다는 거예요. 정말 하는 걸로 봐서는 안전할 수 있는 방법이 없습니다. 왜냐하면 그 사람들한테 중요한 것은 오직 매출이니까. 사람 목숨보다."

- 서비스업 노동자

"대부분의 학교들이 다 휴교를 했는데도 우리에게는 쉬려면 연가를 사용해라, 이런 식으로 했고…… 그리고 그 와중에 아이를 맡겨야 하는 돌봄교실 같은 곳은 문을 열어야 하잖아요. 학교와 사회 전체가 다 쉬고 있는데 저희의 건강은 생각이 없었어요."

- 학교비정규직 노동자

"학부모운영위원회인가 하는 곳에서 저희 병원 부원장님을 오라고 했대요. 우리를 감염덩어리로 보는 거지. 우리 애들이 당신 자녀들 때문에 감염되면 어떡하냐 하면서."

- 병원노동자

「인권 중심의 위기대응: 시민, 2015 메르스 유행을 말하다」 보고서 중에서 박근혜 대통령은 첫 환자가 발생한 이후 10일이 지난 후 메르스에 대한 언급을 했습니다. 대통령이 주재하는 '메르스 대응 민관 합동 긴급점검회의'는 그 후 이틀이 더 지나서야 진행이 되었습니다. 초기부터 정확한 상황을 파악하지 못했을 뿐만 아니라 메르스 사태에 대한 위기의식도 느끼고 있지 않았다는 것입니다. 그러니 국민들에 대한 사과도 없었고 국민들이 질병의 공포와 정부에 대한 불신만이 높아진 심각한 상황이었습니다. 시스템만 없었던 것이 아니라 리더십도 부재했고 컨트롤타워도 없었던 것입니다.

또, 여기에 지속적으로 공공의료를 축소해온 현 한국의 의료전달체계가 메르스 사태를 전국적인 재난상황으로 만들었습니다. 현재 한국은 국립대병원까지 합쳐서 공공병상이 10% 정도밖에 되지 않습니다. 격리자와 확진자가 나왔지만 격리병동으로 갈 수 없는 상황이 벌어진 것입니다. 공공병원도 없고, 공공방역체계도 없었던 것도 큰 원인이었습니다. 한국은 OECD 평균보다 병원과 병상 수는 많지만, 공공의료체계는 무너져 있고 감염병에 필수적인 격리 병상은 턱없이 부족한 상황이었습니다. 민간병원은 이윤 때문에 메르스 환자를 받기를 꺼려했습니다. 결국 국민들의 건강보다 병원의 이윤이 먼저였기 때문에 이번 사태가 국가적 재앙이 된 것입니다.

메르스로 인한 사회적 취약계층의 피해

국가의 전염병 확산의 방지와 통제는 인권을 존중하고 보호하는 조치를 통해서만 개선이 가능하며 국민들의 건강권과 생명권과 같은 기본적 인권을 보호하는 것에서부터 시작합니다. 그러나 이번 메르스 사태 때 국가가 국민들의 생명과 안전을 지켜주지 못해 질병의 공포 속에서 스스로를 지킬 수밖에 없던 상황에서 본인 스스로를 지키기 어려운 사람들은 메르스로 인한 피해가 더욱 컸습니다. 특히 우리 사회의 약자들이 인권과 질병의 사각지대에서 그 피해를 보았습니다.

"(열 난다고) 쫓겨났다가 전화해서 저 안 아픈데요. 일할래요. 안 돼 너 오지마, 열나니까 오지마! 길거리에서 떠돌고 여관에서 잤어요. 갈 데가 없었어요……."

- 이주노동자

"무조건 내일까지 나가라는 거예요. 힘없는 사람들이라고 이렇게 막 해도 되는겁니까?"

- HIV/AIDS 환자 보호자

"동네 사람들을 구제역에 걸린 돼지나 소처럼 취급했어요. 힘이 없으니까 마을을 2주씩이나 격리시켜놨지…… 읍내나 도시, 아파트

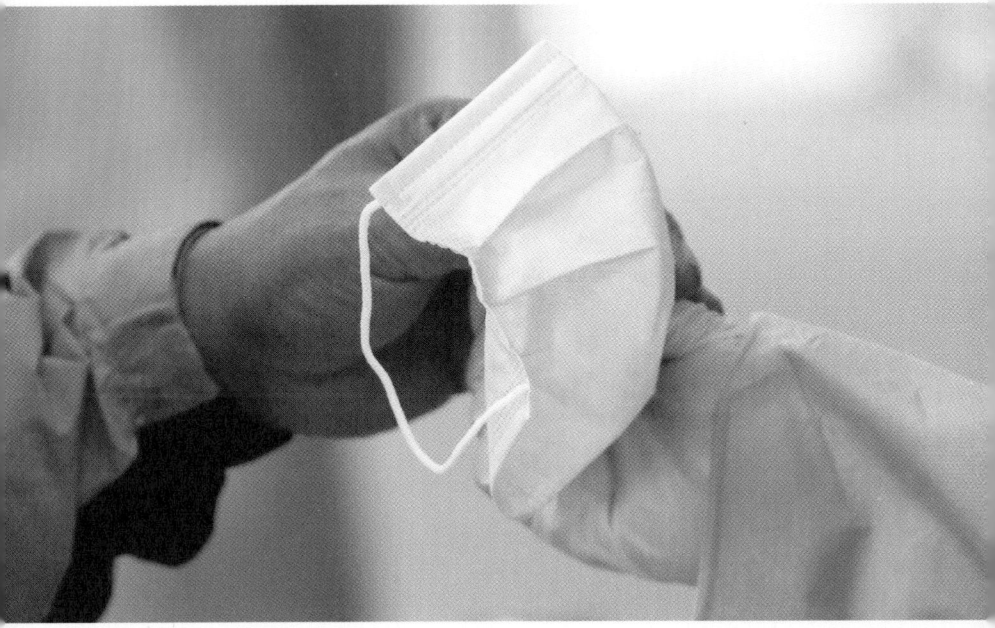

© 연합뉴스

같으면 그렇게 했겠어요?"

- 순창 장덕리 마을 자가격리 주민

·「인권 중심의 위기대응: 시민, 2015 메르스 유행을 말하다」 보고서 중에서 ·

메르스가 확산되던 6월 5일 보건복지부는 국립중앙의료원을 '메르스 중앙거점 의료기관'으로 지정하였습니다. 국립중앙의료원이 메르스 거점병원 역할을 수행하는 것은 공공의료기관으로 당연한 일이지만, 문제는 메르스 환자만을 치료하는 의료기관으로 지정됨에 따라 국립의료원에 입원해 있던 환자들이 다른 병원으로 전원을 해야 했던 것입니다. 특히 보호자나 혼자의 힘으로 전원을 할 수 없었던 사회적 취약계층 환자들은 그 어떤 보호조치도 없이 병원에서 쫓겨나야만 했습니다.

복지부는 환자들을 모두 안전하게 전원시켰다고 했지만, 당사자들의 말은 달랐습니다. 국립의료원 측이 환자에게 스스로 전원갈 병원을 알아보라며 억지로 퇴원을 다그쳤다고 합니다. 특히 보호자가 없는 홈리스나 기초생활수급자였던 환자들은 아무런 대책없이 무작정 쫓겨날 수밖에 없었습니다.

국립중앙의료원을 이용하는 상당수 환자들이 기초 생활수급자이거나 저소득층이라는 점을 생각하면 전원조치로 인한 경제적 · 정신적 피해들을 최소화하고 이들이 안전하게 치료받을 수 있도록 다양한 조치들이 있어야 했습니다. 그러나 현실은 그렇지 못했습니다. 환자들에게 그 어떤 지원도 없는 상태에서 치료비 부담을 느낀 환자가 다른 병원에 입원하는 대신 스스로를 방치하거나, 메르스 확산 시기에 국립의료원을 거쳐온 환자라는 이유로 다른 병원에서 받지 않아 입원치료를 받지 못한 환자들이 발생하였습니다. 무능한 정부의 늑장대응과 허술한 공공의료 전달체계가 무너진 탓에 메르스 확산과 함께 가난하거나 사회적으로 취약한 환자들이 유탄을 맞게 된 것입니다.

이뿐만이 아니었습니다. 메르스로 인한 부수적인 피해들이 곳곳에서 나타났습니다. 홈리스 환자 중 다시 길거리로 쫓겨난 사람들이 이용할 수 있는 노숙인 무료급식소들은 다중이용시설이어서 감염위험을 높인다는 이유로 폐쇄조치가 내려졌습니다. 그리하여 거리 노숙인들이 며칠씩 굶는 비인간적이고 생존을 위협받는 상황이 벌어졌고, 메르스 초기 거리 홈리스에게 마스크가 지급되지 않아 전염병에 노출될 확률이 높은 이들에 대한 감염병 예방 대책이 전무하다는 것을 실감하게 되었습니다.

건강은 누구나 누려야 할 기본적인 권리라고 이야기합니다. 그러나 정부가 메르스 종식선언을 한 상황에서 메르스 환자와 자가격리자 그리고 그의 가족들뿐만 아니라 공공병원에서 쫓겨난 사회적 취약계층에 대해서는 아무런 대책도 논의되지 않고 있습니다.

제2의 메르스가 오면 또다시 홈리스 환자와 취약계층 환자들은 아무런 보호조치 없이 병원에서 쫓겨날 것입니다. 사회적 취약계층이 재난취약계층으로 연결되는 것을 막으려면 이들의 안전과 건강을 위해 국가나 지자체가 복지를 비롯한 사회서비스를 더 확대하고 이들에게 피해가 간 것에 대한 대책을 수립해야 할 것입니다.

아직 메르스는 끝나지 않았다

이번 메르스 사태로 공중보건의료시스템의 취약성과 전달체계의 부실이 결국 환자와 국민들에게 그 피해가 고스란히 전가된다는 것을 보았습니다. 메르스 사태로 피해를 본 모든 이들에게 정부는 진심 어린 사과와 실질적인 지원이 될 수 있도록 해야 합니다. 앞으로 제2, 제3의 메르스사태가 반복되지 않도록 국민들의 입장에서 이번 메르스사태를 평가하고 실효성 있는 재발방지대책을 마련하여 공중보건위기에서 사람 중심의 시스템을 구축해야 합니다.

질병을 통제하고 감시하는 관치정책이 아니라 개인의 자유를 보호하고 인권적 기준으로 전염병 관리 시스템을 마련하고 발전시켜 나가야 합니다.

그리고 그 논의는 국민들의 소통과 참여를 통해 시작하여야 합니다. 국민들이 납득할 수 있는 투명하고 공개적인 절차를 만드는 것이 이번 메르스 사태를 통해 정부당국이 국민들에게 잃은 신뢰를 되찾을 수 있는 유일한 길일 것입니다.

7

★

송파 세 모녀에게 우리가 돌려주어야 할 말, '죄송합니다'

하얀 봉투 위에 남겨진 짧은 편지와 봉투 안에 들어 있던 14장의 5만 원권, 70만 원. 이것이 송파 세 모녀의 마지막 흔적이었습니다. 송파구 반지하 방에 세 들어 살던 두 딸과 어머니는 이렇게 세상을 떠났습니다. 언론을 통해 알려진 바에 따르면 12년 전 아버지가 세상을 떠난 뒤 이들은 어머니의 식당일과 작은딸의 간헐적인 아르바이트로 생활을 이어왔습니다. 서른다섯, 서른두 살이던 두 딸은 어려운 생활과 지병으로 신용불량 상태였고, 환갑이 된 어머니는 2014년 1월 빙판에서 넘어진 뒤 식당일도 다닐 수 없었습니다. 그로부터 한 달 뒤 그들은 세상을 떠났습니다. 가난 때문에 세상을 떠나는 마당에 그깟 월세와 공과금이 뭐라고 고이 두고 간 것일까요. 이웃들은 입을 모아 그들이 "착한 사람들이었다."고 말했습니다.

죽음보다 견디기 어려운 것, 가난

가난 때문에 사람들이 세상을 떠나는 것은 어제오늘의 일이 아닙니다. 우리나라의 빈곤상황은 1997년 IMF 외환위기 이후 더욱 악화되어 만성적인 사회문제가 되고 있습니다. 특히 노인빈곤율은 빠르게 늘어나 2013년 49.1%에 육박했고, 전체 가구의 4분의 1이 최근 3년 사이 한 번 이상 빈곤선 이하 소득을 경험했습니다. 가난이 만성화되고 있다는 지표들입니다. 이를 반증하듯 자살률도 높습니다. OECD국가 중 가장 높은 자살률을 보이는 우리나라는 전체 자살자의 25%가 생활고 때문에 목숨을 끊습니다. 암에 걸렸을 때 사람들이 가장 걱정하는 것은 죽음이 아니라 병원비라고 합니다. 몸이 아픈 것보다 가난한 것이 더 고통스럽다는 것을 보여줍니다.

가난에서 헤어 나오는 가장 좋은 방법은 본인의 소득과 재산이 늘어나는 것입니다. 잘사는 사회가 되는 것도 중요할 것입니다. 문제는 이것이 말처럼 쉽지 않다는 것, 그리고 '반드시 그런 것은 아니'라는 점입니다. 우리나라는 지속적으로 경제성장을 해왔습니다. 아무리 경기가 어렵다 해도 마이너스 성장을 기록한 경우는 IMF경제위기 이후 단 한 번도 없지요. 그러나 가난한 사람들은 늘

표1. IMF경제위기 이후의 빈곤율 추이[29]

구분	절대빈곤	상대빈곤
1996	3.0	9.0
2000	8.2	13.3
2007	7.8	14.4
2009	8.4	14.8
2011	7.8	14.3
2012	7.6	14.0

1996년, 2000년 자료는 가구소비실태조사(통계청), 2006년 이후 가계조사는 농어가구를 포함하지 않은 결과임.
절대빈곤: 경상소득이 최저생계비 미만인 인구비율, * 상대빈곤: 중위 가처분소득의 50% 미만 인구비율

어났고 더 빈곤해졌습니다. 전체 사회의 부가 축적되더라도 개인들은 가난해질 수 있고, 심지어 '더 가난'해질 수 있다는 것입니다.

즉, 가난은 성실함이나 도덕심에 따라 생겨났다가도 사라지는 개인의 문제가 아니라 사회구조에 따라 발생하는 문제라 할 수 있습니다. 불평등과 저임금이 만연한 사회에서 빈곤의 문제는 더 심각합니다. 집값, 교육비, 의료비와 같은 필수적 지출이 개인에게 과도하게 부담 지워진 사회에서 빈곤의 위협은 더 커질 수밖에 없습니다.

빈곤이라는 '사회적 위협'에 평생 노출되지 않는 운 좋은 사람

29 김미곤, 「소득불평등 추이와 쟁점」, 『보건복지포럼』. 2014. 9. 한국보건사회연구원.

이 있을 수도 있습니다. 그러나 우리나라에 살고 있는 대다수의 사람들은 평생 어느 한순간, 혹은 지속적으로 빈곤을 겪을 수 있습니다. 다만 누가 가난해질지 미리 알 수는 없지요. 그렇기 때문에 빈곤에 대처하는 가장 좋은 방법은 '빈곤이 덜 발생하는 사회를 만드는 것'입니다. 불평등을 완화하는 것, 인간의 생존에 필요한 필수적인 사회요소를 공정하게 운영하고 평등하게 보장하는 것과 같은 조치가 그나마 작은 해답이 될 수 있을까요.

그러나 이미 가난한 이들에게 "그때까지 기다리라."고 말할 수는 없습니다. 자본주의 사회에서 '가난'이 개인의 자구책을 현저히 떨어뜨려놓는 것이라면, 우리는 누군가의 도움을 통해 살아야만 합니다. 바로 이 도움을 우리는 이미 만들어놓았습니다. 바로 '복지'입니다.

말로는 정말 좋은 복지, 실상은?

대표적인 복지제도로는 '국민기초생활보장제도(이하 기초생활보장제도)'가 있습니다. 기초생활보장제도의 취지는 이렇습니다. 건강하고 문화적으로 살 수 있는 최소한의 비용을 '최저생계비'라고 정해놓고, 이 이하의 생활을 하고 있는 사람이 있으면 적어도 최저생계비만큼은 보장하는 것입니다. 여기서 '보장'이라는 단어가 중요한데요, 기초생활보장제도는 가난한 사람을 그냥 좀 도와주는 제도가 아닙니다. 이 사회의 일원으로 살아가고 있는 누구나 그러한 '권리'가 있기 때문에 사회가 '보장'한다는 것이 핵심입니다. 이런 제도가 제대로 운영되고 있다면 생활고 때문에 죽음을 선택하는 사람은 없을 것 같습니다.

그런데 왜 우리나라에는 빈곤문제가 심각한 것일까요? 2013년 기준[30] 절대빈곤층, 즉 최저생계비 이하 빈곤층은 인구의 11.7%가 됩니다. 585만 명 정도 되겠네요. 그러나 이 중 기초생활수급을 받는 사람은 135만 명, 인구의 2.6%에 불과합니다. 전체 빈곤층의 3분의 1도 포괄하고 있지 못합니다. 왜 그럴까요? '최저생계비 이하 모든 빈곤층'이라고 말하고는 있지만 부양의무자[31]가 있는지, 근로능력이 있는지, 재산은 얼마나 있는지 따진 뒤에야 수급권을 가질 수 있기 때문입니다.

송파 세 모녀는 기초생활보장제도를 신청하지 않았다고 합니다. 박근혜 대통령은 '신청하지 않아 안타깝다.'고 특별 담화를 발표하기도 했죠. 그런데 정말 신청하지 않았을까요? 아닙니다. SBS의 취재[32]에 따르면 신청을 한 적이 있었습니다. 다만 신청서조차 제출하지 못하고 돌아왔습니다. 세 모녀의 경우 소득이 없더라도 근로능력이 있기 때문에 "신청을 해봤자 떨어질 것이다."

30 시장소득 기준. 출처: 임완섭, 「최근 빈곤 및 불평등 추이와 시사점」, 『보건복지 이슈 앤 포커스』, 2015. 1. 19. 한국보건사회연구원.

31 수급신청을 하거나 수급을 받고 있는 사람의 '1촌 내 직계혈족 및 배우자'를 포함하는 가족을 일컫습니다. 자식과 사위, 며느리를 비롯해 부모님과 계부, 계모까지를 포함한다고 할 수 있습니다.

32 SBS 〈그것이 알고싶다〉 967화. 2014. 12. 20.

2013년 기준 절대빈곤층 수

인구의
11.7 % = 585만 명

↓

이 중 기초생활수급자는
2.6 % = 135만 명

↓

전체 빈곤층의 3분의 1도 포괄하지 못함

© Slovidaloca | Dreamstime.com

라며 거절당했다고 합니다. 실제 신청했다 할지라도 수급자로 선정되거나 간급지원을 받기는 어려웠을 것입니다. 이렇듯 가난한 이들에게 복지의 문은 너무나 좁습니다. 어차피 신청해봤자 나를 돕는 복지는 없을 것이라는 좌절이 그들을 죽음으로 내몬 것은 아닐까요.

각종 복지지원에 대한 소개만 읽으면 우리나라에 이런 복지도 있었나, 다양하게 준비가 잘 되어 있다는 생각이 들곤 합니다. 기초생활보장제도가 있고, 긴급복지지원법은 병원비, 난방비, 월세까지 보조합니다. 재난적 의료비 지출에 대한 지원이니 한부모지원, 일자리도 알선합니다. 이름도 멋집니다. '무한돌봄', '희망온돌', '취업성공패키지' 등. 이 제도와 무관한 삶을 살아가는 이들이 보기에 한국의 복지제도는 꽤나 화려합니다.

그러나 한 번이라도 빈곤층 복지제도를 신청해본 사람들은 "너무 까다롭다."고 입을 모읍니다. 세세한 자격기준에 완전히 맞지 않으면 지원받을 수 없으며, 지원받더라도 그 수준이 너무 적거나 제약이 많기 때문입니다. 이 과정에서 복지신청자들은 빈곤층에 대한 낙인과 혐오에 마주치기도 합니다.

강화되는 낙인과 처벌. 가난은 죄인가?

지난 봄 저는 한 여성의 전화를 받았습니다. 남편이 알코올성 간질환으로 중환자실에 누워 있는데, 간병 때문에 일을 나갈 수 없고, 병원비는 계속 내야 하다보니 살던 집 보증금까지 빼야 할 판이라는 하소연이었습니다. 긴급복지지원제도를 신청하려고 구청에 연락했지만 담당자의 대답은 단호했다고 합니다.

> "만성질환, 특히 알코올 관련 질병은 지원하지 않습니다. 그리고 장성한 아들이 둘이나 있는 분이 신청할 게 아니지요."

긴급복지지원제도의 취지는 긴급한 상황에 빠진 이들이 더 극심한 가난에 빠져들지 않도록 지원하는 데 있습니다. 이런 취지를 생각한다면 이 여성은 신청하지 못할 이유가 없습니다. 그러나 긴급복지지원제도는 현재 만성질환에 대한 지원은 하지 않는다고 합니다. 이러한 제도 설계와 별개로 '특히 알코올'이라는 얘기를 한 것은 순전히 담당자의 선택이었는데, 이는 이 여성에게 깊은 수치심을 주었습니다. 긴급복지지원제도는 부양의무자기준이 없는데 "아들에게 도움을 받으라."는 의미의 말을 전한 것 역시 잘못된 일입니다. 이러한 구두거절은 빈번히 일어나고 있습니다. '신청 후 무조건 이틀 내 지원, 추후 조사'가 원칙이라는 복지부의 홍보만 믿고 전화를 걸었던 이 분은 지원은커녕 좌절만 느꼈습니다.

빈곤 현장의 이런 상황에도 불구하고 사회의 분위기는 영 다릅니다. 마치 복지수급자는 복지혜택을 받지 못하는 대다수 사람들에 비해 꽤 많은 것을 받고 있다고 여깁니다. 심지어 이러한 복지수급자가 '재정 낭비자'이며 이들로부터 복지를 거두어서 더 많은

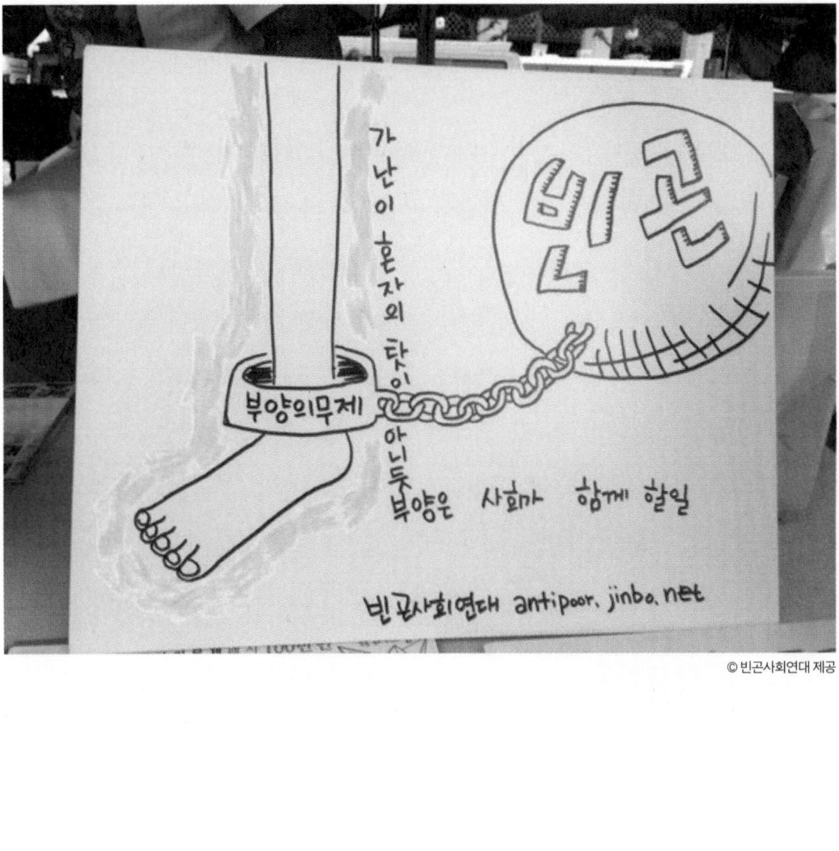
가난이 혼자의 탓이 아니듯 부양은 사회가 함께 할일
빈곤
부양의무제
빈곤사회연대 antipoor. jinbo. net

© 빈곤사회연대 제공

이들에게 나누어주는 것이 합리적이라는 의견도 있습니다. 물론 아무런 복지혜택을 받지 못하는 우리 사회의 많은 빈곤층에 비해 수급이라도 받는 빈곤층의 상황은 조금 나을지 모릅니다. 그러나 이것은 수급자의 탓이 아니라 부양의무자기준, 재산기준 같은 것들을 만들어놓은 제도의 탓입니다. 135만 수급자의 허리띠를 졸라매 585만 빈곤층이 사이좋게 행복해질 수 있는 방법이 정말 있나요? 우리나라의 복지는 아직 절대적인 양에서 성숙하지 못한, 한참 부족한 복지입니다.

그러나 김무성 의원은 "복지가 나태한 국민을 만든다."며 복지재정절감을 주문하고 있습니다. 수급자의 허리띠를 졸라 매는 게 아니라 빈곤층의 목을 조를 기세입니다. 안타까운 일입니다. 한국사회의 복지는 서구 다른 복지국가처럼 제도가 성장한 역사도 없이 벌써 후퇴의 위협에 직면해 있습니다. 무상급식은 낭비라는 주장, 공적연금은 신뢰할 수 없다는 주장, 기초생활수급자 및 장애인 복지서비스 이용자들의 자산조사를 더욱 철저히 해야 한다는 주장이 바로 그런 것들입니다. 가난은 힘든 것일 뿐 아니라 감시받고 처벌받아야 하는 '죄'가 되고 있습니다.

침묵하지 않는 것, 가난에 대해 이야기하는 것

제가 학교를 다니던 1997년 IMF 경제위기 당시에 같은 반 학생 중 몇몇은 생활이 어려워져 분기마다 내는 공납금을 낼 수 없었습니다. 이들은 국가의 보조금으로 공납금을 면제받는 '장학생'이 되었습니다. 담임선생님은 시험 날 아침이면 주번 대신 '장학생'을 불러내 걸레질을 시켰습니다. 그는 걸레질을 시키면서 연신 "너는 네가 왜 대신 주번을 해야 하는지 알고 있지? 너는 다른 친구들에게 봉사를 좀 해야겠지?"라고 큰 목소리로 물었습니다.

그는 왜 그렇게 반복해서 물었을까요? 그는 자신의 행동이 부당하다는 것을 잘 알고 있었을 것입니다. 공납금을 내지 않는 학생이라 한들 모두가 하기 싫어하는 시험 날 아침 주번을 해야 할 이유는 없습니다. 역설적이게도 그렇기 때문에 그는 자신의 행동을 납득시키기 위해 더욱 윽박질렀을 것입니다. 그 납득에는 '장학생'친구의 수치심과 저를 포함한 다른 학생들의 침묵이 동원됐습니다.

우리 사회에서 '가난'의 문제가 이렇게 심각한데 왜 우리는 가난에 대해 이야기하지 않나요? 가난은 생활을 불편하게 만들 뿐 아니라 그 자체가 '실패'로 인식됩니다. 가난한 사람은 '실패자'로 낙인찍히고 사회로부터 배제됩니다. 그렇기 때문에 가난한 이들의 목소리는 우리 사회에서 잘 들리지 않았습니다. 한편 현재 가난하지 않은 사람들에게 가난은 두려운 일일 뿐 자신의 문제가 아닙니다. 가난한 사람들은 자신이 아닌 누군가일 뿐, 이들의 문제를 함께 고민하지 않습니다. 그래서 가난은 언제나 있지만 있지 않은 것처럼 취급당합니다. 모두 알지만 아무도 신경 쓰지 않는, 슬픈 죽음 앞에서만 잠깐 멈춰서는 이슈가 되고 있습니다.

하지만 명심해야 합니다. 빈곤은 모두의 문제입니다. 50%에 육박하는 현재 노인들의 빈곤을 지금 해결하지 않는다면 우리 역시 더 고통스러운 가난한 노년을 보내게 될 것입니다. 지금 가난한 이들의 문제를 우리가 함께 해결해야 하는 이유입니다. 침묵하는 순간 부당한 일은 계속됩니다. 우리가 지금까지 만들어온 허약한 제도마저 언제나 위협받고 있다는 사실을 잊지 마세요. 가난한 이들의 삶에 구체적으로 귀 기울이지 않는다면 우리는 언젠가 세 모녀처럼 되거나 세 모녀를 구하지 못하는 사회의 일원이 될 것입니다.

읽을거리

· 『인권을 찾아서』, 조효제, 한울
· 『인권을 외치다』, 류은숙, 푸른숲
· 『불편해도 괜찮아』, 김두식, 창비
· 『그 청년은 왜 군대 가서 돌아오지 못했나』, 김종대 · 임태훈, 나무와숲
· 『수신확인, 차별이 내게로 왔다』, 인권운동사랑방 편, 오월의봄
· 『후천성 인권 결핍 사회를 아웃팅하다』, 지승호 · 동성애자인권연대, 시대의창
· 『여성 혐오가 어쨌다구?』, 윤보라, 임옥희 외 지음, 현실문화
· 『지금이 나는 더 행복하다』, 박경석, 책으로여는세상
· 『우리 모두 조금 낯선 사람들』, 이주여성인권포럼, 오월의봄
· 『죄송합니다 죄송합니다』, 김윤영 · 정환봉, 북콤마

알아두면 유익한 홈페이지

· 인권운동사랑방 http://www.sarangbang.or.kr
· 군인권센터 : http://www.mhrk.org
· 성소수자 차별반대 무지개행동 http://lgbtact.org
· 전국장애인차별철폐연대 http://www.sadd.or.kr
· 수원다문화도서관 지구별상상 http://cafe.naver.com/glocal79
· 건강세상네트워크 http://www.konkang21.or.kr
· 빈곤사회연대 : http://antipoor.jinbo.net

3부

대학이 우리에게 알려준 것들

새벽 3시, 한 학생이 15m에 달하는 대학 조명탑 위로 향했습니다. 그는 조명탑 위에서 45여 일을 지냈습니다. 그가 조명탑 위로 향했던 건 대학을 지키고 싶어서라고 했습니다. 그가 다니는 D대학에서는, 대학총장이 임용되는 과정에서 부정행위가 벌어졌습니다. 총장으로 임용된 자가 논문을 표절했던 이력이 있었음에도 종교재단의 개입으로 선출된 것입니다. D대학 학생들은 삭발과 단식을 한 끝에 마지막 결정으로 고공농성을 하게 됐다고 했습니다.

이런 일은 D대학에서만 벌어지는 것이 아닙니다. 현재 전국 곳곳의 대학에서 싸움이 벌어지고 있습니다. 도덕이 무너지고 배움이 상실된 대학은 돈벌이 수단으로 전락하고 취업사관학원으로 변질되고 있습니다.

3부 대학 편은 바로 오늘의 대학에서 피해를 겪고 있는 당사자들이 모여서 썼습니다. 어느 날 갑자기 학과 구조조정을 통보받았던 중앙대 학생, 과거 비리를 저질렀던 대학재단으로부터 사과를 받기 위해 싸웠던 경기대 학생을 비롯한 우리 모두는 오늘의 대학을 다니는 피해자입니다.

여러분 역시 '오늘의 대학'과 마주하면서 저자들과 다르지 않은 괴로움을 느낄 것입니다. 대학이 필수가 된 사회에서 초·중·고등학교 9년 동안 더 좋은 대학에 들어가기 위한 전투를 벌어야 하고, 등록금 마련을 위해 우리 집안 경제력을 조사해야 합니다. 대학 안에선 '을'로 내몰리고 사회는 우리를 '병'으로 취급하기 때문입니다.

그렇지만 우리가 절대 잊어서는 안 되는 것이 있습니다.

지금도, 대학에서 더 나은 꿈을 꾸고 고군분투하는 청춘들이 있다는 것을 말입니다. 그리고 '진리의 상아탑'으로서의 대학이 참으로 필요한 사회에 살아가고 있다는 것을 말입니다.

바꿈청년네트워크 대학분과

강혜진(숭실대학교 학생) | 강태경(고려대학교 일반대학원 총학생회장)
김성은(홍익대학교 졸업생) | 전진희(대학고발자 운영자)
정별(홍익대학교 재학생) | 최형순(경기대학교 前총학생회장)
변규홍(청년녹색당 전국위원 / 전 KAIST 학부 동아리연합회 회장)

1

★

대학공략법

고등학교 4학년

얼마 전 새내기들과 술자리가 있었습니다. 그 친구들에게 대학 오기 전에 '대학생활' 하면 떠오르는 게 어떤 것이었냐고 물어봤습니다. 모두 비슷한 의견이었는데 대다수가 '고등학생 때와는 다른 자유로운 모습'을 그렸다고 합니다. 즉, 고등학생 때처럼 교실에 앉아 시험에 나오는 것을 어쩔 수 없이 외우는 것이 아니라 스스로 배움에 대한 열정이 생기는 것, 시험에 나오는 걸 받아 적고 외우는 것이 아니라 자유로운 토론식 수업을 하는 것, 캠퍼스 잔디밭에서 친구들과 자유로운 시간을 보내는 모습 등. 하지만 막상 들어와보니 그러한 상상 속의 모습은커녕 그저 '고등학교 4학년'과 다름없는 생활에 실망했다며 푸념의 술잔을 넘기기만 했습니다.

대학은 왜 만든 걸까

삼당사락의 시간을 견디고 우리는 대학에 들어왔습니다. 고등학생 10명 중 7명이 대학에 진학하는 현실은 결국 나와 함께 하루를 보내는 친구들도 경쟁자가 된다는 것을 의미합니다. 내가 어떤 과목을 얼마만큼 알고 이해했는지를 증명하는 방법은 다른 친구들보다 얼마나 더 암기하고 있는지를 비교하는 것으로 이루어지기 때문입니다. 그렇게 남들과 비교를 통해 나의 위치가 정해지면 거기에서부터 우리의 미래 출발점이 정해지게 됩니다. 경주에서처럼 똑같은 위치에서 달리는 것이 아니라, 주자에 따라 출발선이 다른 경기를 펼치게 되는 것이죠. 과거 '개천에서 용나는' 시대를 경험한 부모님 세대는 집안 경제에 부담이 되더라도 어떻게든 자신들의 자녀들을 좋은 대학을 보내려 합니다. 지금보다 더 나은 내일에 가까워지는 방법이 바로 좋은 대학을 나와 좋은 일자리에 취직하는 것임을 스스로 경험한 세대들이기 때문입니다. 그렇다면 정작 대학에 다녀야 하는 여러분은 대학의 모습을 어떻게 상상하나요?

지금도 대학을 둘러싼 많은 논쟁들이 있습니다. 비싼 고액 등록금 문제부터 대학의 지나친 서열화 문제, 사립대학들의 무책임한 학교운영 문제, 국가에서 책임져야 하는 국 · 공립대학마저 제대로 운영하지 못하는 등등의 문제를 우리는 너무나 쉽게 볼 수 있습니다. 그리고 이 문제는 크게 본다면 결국 대학이라는 공간을 '공공성'을 지닌 공간으로 만들어 가야 하는가 아니면 사적으로 지식을 취득하는 공간으로만 바라볼 것인가로 나누어서 볼 수 있을 것입니다.

이런 경우를 생각해봅시다. 여러분의 스마트폰이 자신의 손에 오기까지 어떤 과정을 거쳤을까요? 스마트폰에는 수많은 부품들이 필요할 것이고 그중 하나인 반도체칩만 해도 연구실에서 이론을 연구하는 연구자, 그 연구를 직접 구현하는 기술가, 그 기술을 가지고 반도체를 만드는 생산직 노동자들이 함께 만듭니다. 스마트폰에 들어가는 하나의 부품에도 이 정도의 손을 거치는데 스마트폰 전체를 보면 더 많은 사람들의 수고가 필요할 것입니다. 그리고 그 스마트폰의 기술혁신은 결과적으로 사회를 조금 더 편하게, 혁신적으로 만들고 우리 삶의 모습을 바꿀 것입니다.

모든 사회의 발전은 이런 과정을 거치게 됩니다. 기술뿐만 아니라 물리학, 수학, 철학도 마찬가지입니다. 이렇듯 사회를 발전시키는 연구는 단순히 한 명의 개인, 작은 집단의 이익으로만 머물지 않고, 우리 사회 전반을 발전시킬 수 있습니다. 그리고 그 연구를 담보할 수 있는 공간이 대학이라는 곳입니다. 그렇기 때문에 많은 국가들에서 대학을 사적인 지식취득의 공간이 아닌 사회

발전을 위한 연구를 하는 곳, 인재를 양성하는 공적기관으로 생각합니다.

그리고 사회를 발전시키는 또 한 가지 중요한 요소는 바로 '시민'입니다. 사회가 어떤 방향으로 나아갈지, 인종에 따라 차별을 하는 사회가 우리 사회발전에 필요한지, 민주주의를 실현한다는 것은 어떤 것인지 비판적 사고를 할 수 있는 시민을 양성해야 하는 곳이 대학이어야 합니다. 특히 우리나라와 같이 고등학교 때까지 주입식 교육이 진행되는 상황에서는 이런 시민양성을 위한 토론이 보장된 교육이 더욱 절실합니다. 이렇듯 대학은 사회를 발전시킬 수 있는 학문연구와 사회공동체를 발전시켜 나갈 시민들을 양성할 수 있는 공간이어야 합니다.

> '모든 국민은 능력에 따라 균등하게 교육을 받을 권리를 가진다.'
>
> '인격을 도야하고, 국가와 인류사회 발전에 필요한 학술의 심오한 이론과 그 응용방법을 교수 · 연구하며, 국가와 인류사회에 공헌함'

우리나라 헌법 제31조에 나온 교육에 대한 권리와 고등교육법에 명시된 대학설립의 목적입니다. 사실 우리나라 법에서도 교육을 받을 권리, 대학이 가져야 하는 목적에 대해서 이렇게 밝히고 있습니다. 그러나 실제 우리 앞에 펼쳐지는 대학의 모습은 사회구성원들이 상호의존 하는 방법을 배워 나가기보다 '상하권력'에 복종하는 법을 배우게 됩니다. 교수님의 성향에 맞춰 나의 생각을 적어내는 답안지와 레포트. 한 발 더 나아가 권력을 지닌 사람이 어떻게 약자에게 '갑질'을 하는지를 알아채게 됩니다. 우리는 사회발전의 순기능을 배우고 만들어 나가는 주체가 되기보다 사회의 모습을 그대로 익히게 됩니다. 자본주의 사회인 우리나라에서 일하는 사람이 행복한 사회가 아니라, 이런 사람들을 부리는 소수의 가진 자들이 행복한 사회를 배웁니다. 가장 앞장서서 알려주는 것이 '대학'입니다. 대학이 '이윤'을 추구하는 기업들처럼 경쟁률이 낮은 학과를 '구조조정'하여 입학정원을 줄이고, 학생들이 교육할 공간이 부족해도 임대수익을 얻기 위해 학교 안에 프랜차이즈 가게를 들이기도 합니다. 학생들에게 등록금을 받아 재벌들이 사내보유금을 모으듯 돈을 적립만 하고 학생들을 위해 사용하기는커녕 오히려 매해 운영난을 호소하며 등록금 인상을 주장하기도 합니다. 이 과정에서 '금수저'가 아닌 보통의 학생들은 학자금대출이 쌓이고, 어떻게든 장학금을 받기 위해, 더 나은 스펙을 쌓기 위해 학점경쟁과 스펙경쟁을 과도하게 합니다. 정말 고등학교 4학년이라는 말이 틀리지 않습니다.

'자유롭고 열정적인' 대학과 그 속의 나는 오간 데 없고, 오로지 경쟁만을 배우는 대학에서 우리는 인격의 도야와 사회발전에 이바지는 그저 글로만 존재할 뿐입니다. 그렇다면 우리가 그리던 대학의 모습은 단지 말도 안 되는 상상 속의 모습이었던 것일까요? 우리가 알고 있는 대학의 모습은 애초에 존재한 적이 없었던 것일까요?

배움이 향하는 곳, 나라의 시작

〈성균관 스캔들〉이라는 드라마 혹시 본 적이 있나요? 대학에 해당하는 조선시대의 성균관을 배경으로 한 성균관 유생(학생)들의 고뇌와 사랑, 꿈, 그리고 배움에 대한 열정을 그린 드라마입니다. 〈성균관 스캔들〉에서 네 유생이 정조의 밀명을 받습니다. 금등지사를 찾으라는 것입니다. 밀지 속 단서에는 "인재를 통해 나라를 완성하고, 백성을 고르게 한다."라고 쓰여 있습니다. 이는 성균관이 그 이름값에 걸맞는 나라의 국감이 되기 원했던 김승헌 박사의 강의록에 있었던 글로, 성균관 원전의 내용이었습니다. 즉, 밀지는 금등지사가 성균관 어딘가, '배움이 향하는 곳, 나라의 시작인 그곳'에 있음을 알려주고 있습니다. 결론부터 말하면 유생들은 밀지를 찾게 됩니다. 많은 사색과 토론 속에서 말입니다.

그렇다면 지금 우리 대학들의 배움은 어디를 향하고 있을까요? 우리가 이 밀지를 풀기 위해선 지금 대학에서는 무슨 일들이 일어나는지를 지켜봐야 합니다 그렇게 사건들을 따라가다 보면 지금 우리 대학에서의 배움이 향하는 방향을 알게 될 것입니다. 그리고 이 문제들을 풀다보면 대학이 정말로 향해야 할 배움의 방향과 모습을 그릴 수 있을 것입니다. 함께 밀지를 풀어봅시다!

2

★

자신의 미래를 빛내러 온 대학에서 빚만 내는 대학생들

우리나라는 등록금이 세계 4위로 비쌉니다. 금액 면에서는 4위지만 조금만 자세히 살펴보면 실질적 순위는 다르다는 것을 알 수 있습니다.

슬로베니아는 사립대학교에 다니는 대학생 숫자가 전체의 1%이고, 호주는 4% 정도입니다. 등록금이 가장 비싼 아일랜드는 정부의 보조가 있기 때문에, 학생들이 실제 부담하는 비율은 50%가 되지 않습니다. 그리고 늘 우리가 대학교육의 롤모델로 삼고 있는 미국 역시 사립대에 다니는 학생은 약 30% 정도입니다. 75%가 사립대에 다니고 있는 우리나라가 실제 체감 등록금은 훨씬 비싸다는 것을 알 수 있습니다.

우리나라 2015년 4년제 사립대학교 평균등록금은 734만 원. 한학기에 약 367만 원인 셈입니다. 한 학기 등록금 마련을 위해선 2016년 최저임금(6,030원) 기준으로 단순히 계산하면 총 608.62 시간을 일해야 합니다. 68일을 매일 꼬박 9시간 동안 쉬지 않고, 안 쓰고 일해야 마련할 수 있다는 말입니다. 이 방법은 우리가 등록금을 직접 낸다고 가정할 때의 기준이고, 다른 방법들을 생각해봅시다. 부모님께서 내주시는 경우도 있고, 부모님의 직장에서 학자금이 나오는 경우도 있고, 부모님 명의로 대출을 받을 수도 있습니다. 그래서 대부분의 대학생들이 등록금을 마련하기 위한 선택은 '학자금 대출'입니다.

연도별 든든학자금 대출 현황		
구분	합계 총액	총인원
2012	3조 4천 480억	56만 명
2013	5조 2천 292억	76만 명
2014	6조 9천 650억	92만 명
2015년 6월	7조 7천 억	102만 3천 명

출처: 한국장학재단

위의 표에서처럼 2012년부터 2015년 6월까지 대출자가 꾸준히 늘어나고 있는 상황이라고 합니다.

그렇다면, 우리는 등록금만 있으면 대학에 다닐 수 있을까요?

답은 누구나 알고 있듯이 'NO'입니다. 서울 지역 소재의 대학을 다니는 대학생의 52.6%가 자취를 하고 있습니다.[1] 자취비용은 평균 월 66만 원으로 나타났습니다.[2]

한국장학재단 학자금 대출 연체율 1.6%(은행 가계대출 연체율 0.24%의 3.8배)

2014년 20대 개인 워크아웃 신청자 수 6,671명(2013년 대비 9.4% 증가)

최근 5년간 은행이 대부업계에 매각한 청년층(20~35세) 부실채권 866억 원

- 대학생들의 빚부담(2015.6월 기준)[3]

더욱 안타까운 것은 대학생들의 학자금대출은 졸업 후에도 여전히 따라다닌다는 것입니다. 든든학자금 대출자 중 취업 후 연봉이 4인 가구 최저생계비인 1856만 원에 못미치는 비율이 60% 정도라고 합니다. 든든학자금대출 상환은 본인 소득금액이 상환소득 이상 발생시 상환이 시작되는 제도입니다. 상환 시작 기준은 4인 가구 최저 생계비입니다. 2015년의 4인 가구 최저생계비는 1856만원에서 공제금액을 차감한 1053만 원이고, 연말 정산

1 새정치민주연합 유기홍 의원과 대학교육연구소가 공동으로 낸 「대학생 삶의 비용에 관한 리포트-통계로 본 대학 교육비」 보고서.

2 알바천국에서 대학생과 취준생 810명을 대상으로 실시한 설문조사 결과. 2016.

3 "빚 굴레 대학생에 "대출 쉽게" 빚 권하는 정부". 2015. 10. 16. 한국일보 .

신고 금액을 기준으로 합니다. 그렇기에 내가 번 소득에서 1053만원을 뺀 금액의 20%만큼이 연간 상환액이 되는 것입니다. 매년 연말정산에서 의무상환 금액을 초과하는 소득이 신고되면 그 다음해부터 의무상환이 시작되는 것입니다.

올해, 1년 계약직으로 일을 시작한 K양은 대학 다닐 때, 든든학자금 대출을 받았습니다. 그녀가 다니는 직장은 4대 보험이 되고, 급여는 월 120만 원 남짓입니다. K양은 든든학자금대출뿐만 아니라 일반상환학자금대출, 농어촌출신대학생학자금융자를 받았습니다. 그 중, 이미 매달 35만 원씩 농어촌출신대학학자금융자를 상환중이었습니다. K양은 1년 계약직이라도 취직을 했다는 기쁨이 있었지만 4대 보험이 되는 일자리이기에 든든학자금대출까지 강제상환을 시작해야 하는 것인지 불안했습니다. 다행히 그녀의 소득은 4인 가구 최저생계비인 1856만원에 미치지 못했습니다. 120만원 남짓 버는 자신의 상황에 안도를 하는 자신을 보며 씁쓸했습니다.

사례의 K양처럼, 취업을 하고 상환이 시작될까봐 두려운 사람들이 많습니다. 이유는 무엇일까요? 좀처럼 양질의 일자리를 구하기 힘들기 때문에 계약직이라도 일을 하고 있지만, 학자금대출은 커녕 당장 생활하기에도 벅차기 때문입니다. 든든학자금대출 상환을 피하려 4대 보험이 되지 않는 곳에서 일을 하는 청년들도 많습니다. 4대 보험이 된다는 것은 취업환경이 좋다는 뜻도 되겠지만, 자신의 소득이 그대로 잡히는 경우이기 때문에 언제 상환이 시작될까 두렵기 때문입니다. 자신의 미래를 빛내기 위해 온 대학에서 빚만 진 청춘들이 많습니다.

대학들의 곳간은 점점 두둑?

정의당 정진후 의원이 한국사학진흥재단으로부터 전국 154개 4년제 사립대학의 2014년 결산자료를 제출받아 분석한 결과를 보면, 사립대학들이 보유한 적립금 총액은 8조 1872억에 달합니다. 대학들은 예산을 많이 잡아놓고, 실제로는 적게 사용하여 적립금을 남기고 있습니다. 이것은 결국 예산을 뻥튀기로 잡아놓는 것이라 할 수 있습니다. 사립대학재단은 법인전입금을 대학에 내야 합니다. 법인전입금이란 사립대학 법인이 대학에 지원하는 경비로 이를 통해 대학운영경비를 부담할 법적 의무를 지니고 있습니다. 그러나 우리나라 사립대학들은 이 법인전입금을 잘 내고 있지 않습니다.

또한 법정부담전입금 또한 제대로 내고 있지 않습니다. 법정부담전입금이란, 사립대학 재단이 '사립학교교직원 연금법', '국민건강보험법' 등에 따라 교직원의 사학연금과 국민건강보험료의 일정부분을 부담하는 것입니다. 하지만 여전히 이 돈을 제대로 내지 않는 사학들이 있습니다. 또한, 2014년 4년제 사립대학 8곳이 지난해 교비 적립금으로 금융투자를 손해를 본 것이 드러나기

누적적립금 규모		
순위	학교명	누적적립금
1	이화여대	7319
2	홍익대	6943
3	연세대	5226
4	수원대	3487
5	고려대	3295
6	청주대	2922
7	동덕여대	2530
8	계명대	2401
9	숙명여대	2191
10	성균관대	1929
11	영남대	1644
12	연하대	1549
13	세명대	1455
14	대구대	1347
15	건국대	1214
16	경남대	1153
17	경희대	1145
18	성신여대	997
19	한양대	962
20	건영대	977

사립대학적립금액과 순위(출처: 대학알리미)

도 했습니다.

반값등록금을 위한 국가장학금?

이명박 정부 시절, 경제적 여건에 관계없이 누구나 의지와 능력에 따라 고등교육기회를 가질 수 있도록 '소득연계형 국가장학금'

박근혜 정부의 국가장학금(자료 출처 :대학교육연구소)

대학등록금 수입 총액 = 약 14조 원

(※반값등록금 실현하려면 약 7조 원의 재원이 필요)

2015년 반값등록금 예산

국가장학금(3.6조 원)

+ 근로장학금(0.2조 원)

+ 희망사다리장학금(0.1조 원)

= 3조 9천억 원(정부 마련)

+ 3조 1천억 원(등록금 인하, 교내외 장학금 마련)

= 7조 원

© Sentavio | Dreamstime.com

을 지원하고 대학등록금으로 인한 다자녀 가구의 등록금 부담 경감을 위해 셋째자녀 이상 대학생에 대한 국가장학금 지원하겠다고 발표하였습니다. 이것이 현재 대학생들이 받고 있는 국가장학금의 시작입니다.

박근혜정부 역시 국가장학금을 통해 실질적으로 반값등록금을 이루겠다고 이야기했습니다.

정부발표대로 반값등록금에 필요한 7조 원은 마련되었습니다.

하지만 왜 우리는 여전히 등록금이 부담스러울까요? 그 이유는 체감을 할 수 없기 때문입니다. 소득산정에 따라 장학금이 정해지고 성적의 하한선이 C학점으로 제한되기 때문에 애초에 배제되는 학생들이 존재합니다. 또한, 실제 반값등록금이 되려면 대학차원에서 절반만큼이라도 노력을 해야 하는데 그 역시 등록금 인하가 아닌 장학금으로 진행되기 때문에 실효성이 떨어지고 있습니다.

2014년 국가장학금 수혜자는 1학기 42.7%, 2학기 41.7%로, 10명 중 6명은 국가장학금을 받지 못하고 있습니다. 또한 국가장학금의 상한선이 연 480만 원이기 때문에 현재 연간 대학 등록금을 모두 충당할 수 없습니다. 등록금이 저렴한 편인 인문사회계열의 평균 등록금조차 640만 원인데 말입니다. 이런 실정이기 때문에 대학생들의 대출이 늘어날 수밖에 없습니다.[4]

4 반값등록금 시행방안 연구. 대학교육연구소 · 새정치민주연합 도종환 국회의원.

지금도 비싼 등록금을 더 올리겠다는 대학, 교육의 수혜자가 누구냐고

> "얼마 전 미국 아이비리그의 법인 이사회를 만난 적이 있다. 미국 주정부나 연방정부에서는 (대학에 대한) 일체 규제나 일체 통제가 없다고 하더라. 학생 선발부터 등록금, 정원 조정에 대해 전혀 통제가 없다는 것이다. 사립대는 기본적으로 교육시장 원리에 의해서 자율적으로 조정해간다고 답했다. 정부에서 사립대학에 알아서 하라는 '자율'을 주는 정책을 할 생각이 있는지 듣고 싶다."(OO대학 총장)[5]

대학들은 여전히 자율적으로 등록금을 올릴 수 있도록 모든 규제를 풀어야 한다고 말합니다. 등록금이 올라갈수록 양질의 수업을 보장할 수 있고 이는 결국 학생들의 능력을 향상시키기에 교육의 수혜자인 학생들이 등록금을 더 부담해서라도 양질의 교육을 받는 게 합당하다는 것이 그 이유입니다. 하지만 교육의 수혜자가 학생들만일까요? 물론 교육을 통해 습득된 지식은 학생들이 흡수하고 학생들은 그 지식으로 자신의 밥벌이-직장을 구하게 됩니다. 얼마만큼 지식이 쌓였느냐가 그 사람이 일을 구할 때 절대적 스펙으로 여겨지기도 합니다. 그러나 여기에 맹점이 있습니

5 "교육영토 넓혀 대학 용틀임할 수 있는 기회 만들어야". 2015. 9. 3. 한국대학신문.

다. 개인으로만 한정하면 수혜자는 학생 자신뿐으로 보여지지만 결국 그 개인들이 모여 사회는 운영되고 개인의 능력에 따라 국가의 경제력은 결정된다는 것입니다. 그래서 교육을 백년지대계라고 말합니다. 교육을 100년을 바라보고 계획을 세워야 할 만큼 국가의 발전에 절대적 영향을 준다는 것입니다.

그렇기에 대학등록금에 대한 책임을 학생들에게만 지게 해선 안 됩니다. 국가는 인재가 자라날 수 있는 환경을 만들기 위한 투자를 제대로 하고, 대학이 사적 재산이 아닌 국민의 것으로 운영될 수 있도록 노력해야 할 것입니다.

3

★

엇나간 교수와 학생의 사이

대학 내에서 발생할 수 있는 구조적인 문제 중에서 가장 직접적으로 학생들에게 피해가 되는 문제라면, 교수와 학생 사이에서 발생하는 심각한 권력관계에 대한 것입니다. 서울의 A대학에서는 학생들에게 새벽에 깨어 있는 것을 매일 보고하도록 강요하는 사생활 침해 때문에 학생들의 문제제기를 받고 교수가 징계에 처해진 사건이 있었습니다.[6] 학생들을 가르치는 교수가 당연히 학

6 "'333' 새벽마다 학생 괴롭힌 교수". 2015. 10. 10. KBS 뉴스.
해당 교수는 이른바 '스페셜 워너비'라는 그룹을 만들어 개인일정 보고, 폐강 위기인 자기 수업 수강 강요, 공금 횡령 등의 문제로 학생들의 원성을 샀다. 특히 새벽 3시 33분에 깨어 있는 것을 확인하는 카톡 333을 보내도록 강요해서 '카톡333'사건이라고 불

생을 지도할 수 있는 교권을 갖고 있는 것은 맞지만, 왜곡된 학생과 교수의 권력관계는 교육보다는 도리어 학생들에게 피해를 주기도 하겠지요. 특히, 상대적으로 단체행동의 가능성이 남아 있는 학부 학생들보다 심각하게 개인화-파편화되어 있는 대학원에서 왜곡된 권력관계는 더욱 노골적으로 학생들의 인권과 연구윤리를 침해합니다.

끔찍했던 인분교수사건, 왜 발생한 것일까?

2015년 여름, 전국을 충격에 휩싸이게 만들었던 인분교수 사건을 아마 들어보셨을 겁니다. 한 교수가 제자에게 각종 구타와 고문을 자행했던 사건이었습니다. 2년이 넘는 기간 동안 수십 차례의 인격모독, 고문, 폭행과 착취를 했고 심지어는 여러 차례에 걸쳐 대학원생에게 인분까지 먹였습니다. 해당 대학원생은 가까스로 이 소식을 친구에게 전할 수 있게 되어 경찰에 신고함으로써 세상에 알려졌습니다.

사람들은 한편으로는 교수라는 지위를 가진 사람의 인격 파탄을 비난했지만, 사건의 내용이 너무나도 충격적이었기 때문에 다른 한편으로는 여러 의문들이 생겨났습니다. 어떻게 그런 부당한

렸다. 해당 교수는 학생들의 항의를 통해 결국 사임하였다. "'카톡333' 사건, 교수 사직서 제출". 2015. 11. 2. 김예림 기자. 서울여대 학보.

대우를 받으면서도 왜 해당 학생은 계속 당할 수밖에 없었는지, 심지어 일부 다른 학생들은 교수의 폭력을 적극적으로 도울 수 있었는지 이해하기 어려웠던 것이지요.

물론 교수가 자행한 폭력의 '엽기적 측면'에만 주목한다면, 이런 사건은 대학에서도 아주 드문 일입니다. 하지만 교수가 대학원생을 지배하는 것과 다름없는 관계, 혹은 교수가 대학원생을 자신의 노예처럼 여기는 관계만 본다면 우리 대학사회에서 그렇게 드문 경우는 아마 아닐 것입니다. 비록 극단적인 사례이지만, 인분교수 사건은 대학원 내에 만연한 잘못된 권력관계가 어떤 파국으로 치달을 수 있는지 잘 보여주고 있습니다. 이런 대학원 환경에 길들여진 대학원생 중에서 강사와 교수가 만들어지는 구조이기 때문에, 결국 교수사회의 권력관계로 이어지고, 보다 넓게는 학문사회인 대학사회의 권력구조로 연결됩니다.

문제의 교수도 자신이 속한 학계에서는 상당한 권력을 누리고 있었고 실력을 인정받은 사람입니다. 그는 심지어 매우 가정적이고 자식들을 아끼는 모범적인 가장이었습니다. 하지만 자신의 제자들에게는 악마와 같은 모습을 보여주었습니다. 이런 가학적 태도를 가능하게 한 주요 원인은 대학원생과 교수 사이의 제어 없는 권력관계라고 할 수 있습니다. 대학원 생활 동안 교수들은 대학원생의 평가자가 됩니다. 가장 대표적으로 지도교수는 지도제자의 논문을 통과시키지 않음으로써 애초에 대학원생이 학위를 받는 것을 가로막을 수 있습니다. 그리고 대학원생이 학위를 받은 다음에도 학계에서의 영향력을 활용하여 학계에서 특정인을 왕따로 만들어버릴 수도 있습니다. 이런 상황이라면 대학원생 입장에서는 교수가 자신의 진로를 결정할 수 있다고 받아들이지요. 만에 하나 교수가 학생에게 적대적이게 되면 수년간 공부하고 연구하였던 분야의 지식을 한순간에 쓸모없게 만들 수 있는 막강한 권한을 휘두른다고 느끼게 됩니다.

이러한 권력과 힘의 역학관계에서 대학원생이 교수를 상대로 문제제기하는 것은 매우 어렵습니다. 대학원생 입장에서는 자칫하면 대학원 생활을 포기하고 전혀 다른 새로운 진로를 찾아야 하는 대가를 치를 수 있기 때문입니다. 실제 인분교수 역시 학계에서 상당한 권력을 누렸었고, 이번에 폭로된 피해학생 이전에 인분교수와 갈등을 빚었던 학생들은 결국 대학원 생활을 그만두었습니다. 학계가 스스로 양심을 지키고 서로의 탈선을 지적하는 문화 대신, 연공서열과 권위를 중심으로 짜여 있는 교수사회의 위계관계로 구축되어 있기 때문에 대학원생을 순식간에 학계에서 아무것도 아닌 존재로 만들어버릴 수 있는 것입니다.

대학원에서는 어떤 문제가 발생하는가?

대학원은 고등교육을 재생산하는 핵심기관입니다. 쉽게 얘기해서 학문 후속세대를 길러내고 연구를 수행하는 공간이라는 뜻이지요. 그렇기 때문에 대학원의 문제는 학문 후속세대의 형성 및 학문연구 문제와 직접적인 관련을 맺게 됩니다. 대학원에서의 문화가 곧 학계의 문화로 이어지고, 학계의 문화가 한국고등교육의 문화로 이어집니다.

아직 전국의 대학원생이 어떤 처우 속에서 생활하는지를 파악하기 위한 조사는 많이 이루어지지 않았습니다. 그나마 몇몇 개별 대학의 학생회가 진행한 조사와 2014년 대통령직속청년위원회에서 13개 대학원총학생회의 공조를 통해 전국 2,354명을 조사한 통계가 있고, 2015년에는 국가인권위원회에서 조사를 진행했습니다. 중요한 것은 몇 번의 조사를 통해서도 대학원생의 문제는 분명하게 드러난다는 것입니다. 그것은 교수에 의한 대학원생의 인권, 학습권 침해와 착취였습니다.

2014년 청년위에서 발간한 「대학원생 연구환경실태 보고서」에 따르면 '부당처우 경험 여부'에 대한 질문에 45.5%가 부당처우 경험이 있다고 답하였습니다.[7] 절반에 가까운 대학원생의 답변을 통해, 대학원 사회의 문제가 얼마나 심각한지 단적으로 알 수 있습니다. 더욱 심각한 문제는 부당대우를 겪고 나서도 문제가 개선되리라 기대하지 않는 사람들이 절대다수를 차지한다는 것입니다. 부당처우를 겪은 사람들 중 65.3%가 문제에 대한 대처 없이 '참고 넘어갔다'고 응답하였고 그들이 그런 선택을 한 이유는 '향후 불이익에 대한 두려움'이 48.9%, '해결되지 않을 것 같아

7 「대학원생 연구환경 실태 보고서」. p.4. 2014. 대통령직속청년위원회.

서'가 43.8%였습니다.[8] 대학원생들이 처한 무력감이 드러나는 대목입니다.

고려대 일반대학원총학생회에서 2015년에 시행한 조교근무환경실태조사에서도 불합리한 처우나 인권침해에 대해서 문제제기를 하지 않았거나 못한 이유에 대한 응답에서 '해결되지 않을 것이 자명해서'(24%), '교수 · 선배에 대한 도전으로 비춰질까봐'(22%), '학업, 진로상의 불이익이 우려되어서'(21%)가 고르게 대다수를 차지하고 있었습니다.[9] 이러한 응답 역시 대학원의 권력관계가 대학원의 부조리가 유지되게 만드는 원인임을 잘 보여주고 있습니다.

그동안 대학원생들의 문제는 참다못한 대학원생들의 폭로나 용감한 문제제기에 의해서 조금씩 알려지게 되었습니다. 여기서는 대학원생들이 2015년 국회 증언대회에서 다뤄졌던 문제 사례들, 대통령청년위의 보고서, 그리고 언론에 보도되었던 사례들의 유형을 간략하게 소개하고자 합니다.

우선 가장 흔한 경우가 사적 업무의 전가입니다. 교수의 외부 행사를 쫓아다니면서 허드렛일이나 사적 심부름을 도맡아 해야 하는 하인 취급을 받기도 합니다. 교수의 자녀들에 대한 보육 · 과외 혹은 경조사의 업무에 동원되기도 합니다.[10] 또한 연구실의

8 위의 책. p.5.
9 「조교근무환경 실태조사 보고서」. p.15. 2015. 고려대학교 일반대학원 총학생회.
10 「대학원생 연구환경 실태 보고서」. p.10. 2014. 대통령직속청년위원회.

프로젝트에 과도하게 동원되어서 자신의 학업을 수행할 여유도 없이, 휴가도 보장받지 못한 채 매일 야근으로 실험실에 묶여 있기도 합니다.[11]

둘째, 학생들의 심신에 치명적인 피해를 입히는 문제로, 교수가 대학원생에게 가하는 성폭력의 문제가 있습니다. 여성비하적인 발언이나 성적 대상화하는 발언이 상습적으로 발생하는 경우[12]들이 아직도 상당히 존재하고 있습니다. 특히 언어적 성희롱과 신체적 성추행은 보통 교수가 자신의 지도제자들에게 행해지는 경우가 많습니다. 피해자들이 주로 지도제자들인 이유는 위에서 밝힌 교수의 권한들로 인하여 저항하기 힘든 조건 때문으로 여겨집니다.

셋째, 금품이나 값비싼 선물을 요구하는 경우도 존재합니다. 명절 혹은 스승의 날 선물에 대한 강요나 심사거마비를 요구하기도 합니다.[13] 교수가 주최하는 공연이나 행사의 티켓 판매를 강요한다던지, 아니면 제자들이 단체로 구매해야 하는 경우도 있었습니다.[14]

넷째, 공동 연구가 많은 이공계 대학원 실험실에서는 연구윤리와 같은 문제가 특히 많이 발생합니다. 논문 작성을 위한 실험을

11 「조교근무환경 실태조사 보고서」. p.16. 2015. 고려대학교 일반대학원 총학생회.
12 「대학원생 연구환경 실태 보고서」. p.8. 2014. 대통령직속청년위원회.
13 「대학원생 연구환경 실태 보고서」. p.12. 2014. 대통령직속청년위원회.
14 「클래식 음악시장은 깡통시장」. 2013. 8. 20. 동아일보.

도맡아 한 대학원생의 성과물로 교수나 다른 엉뚱한 사람의 명의가 주저자[15]의 자리를 차지하는 경우, 연구비의 횡령이나 인건비 전용과 같은 사례도 있습니다.[16] 대부분의 이공계 대학원생은 프로젝트를 통해 장학금을 해결하고 생활비를 벌기 때문에 이런 문제가 발생할 경우에도 크게 문제제기를 하기 어렵고 그만큼 대학원생들의 박탈감이나 무력감은 커질 수밖에 없습니다.

이런 문제들은 곧바로 시간강사의 문제, 교수의 임용의 문제까지 이어지고 있습니다. 강사의 입장에서 대학원의 문제를 알리면서 돌아가신 두 분의 선생님이 계십니다. 고(故) 한경선 선생님과 고(故) 서정민 선생님입니다. 고(故) 한경선 선생님은 공부를 마치고 한국에서 강사생활을 하면서 교수 임용과정에서 계속 실패하였습니다. 그런데 이것이 교수임용의 비리 때문임을 알게 되자 이를 유서로 고발하고 생을 마감하셨습니다. 교수가 대학원생의 향후 진로를 가로막을 수 있다는 것을 선생님의 안타까운 죽음으로도 확인할 수 있지요.

고(故) 서정민 선생님은 유서에서 보다 구체적으로 대학이 본인에게 교수임용의 대가로 수억 원의 금품을 요구했던 점, 그리

15 이공계는 실험과 분석 등 한 논문을 위해 공동의 작업으로 진행되는 경우가 많습니다. 따라서 연구에서 차지했던 비중에 따라 주저자(lead author), 제1저자, 공동저자 등의 형식으로 명의를 수록합니다. 그런데 일은 별로 하지 않은 사람이 선배라는 이유로, 혹은 교수라는 이유로 주저자의 자리에 명의를 올리면 실제 연구를 진행한 대학원생은 자신의 성과를 빼앗기는 셈이 되는 것이지요.

16 「대학원생 연구환경 실태 보고서」. p.14. 2014. 대통령직속청년위원회.

고 대학원 생활과 강사생활동안 수십 편의 논문대필을 해왔음을 폭로하면서 "나는 당신의 노예가 아닙니다."라고 선언하였습니다. 이를 통해 고등교육법의 개정을 통한 시간강사 처우개선의 문제가 본격적인 도마 위에 올라오게 되었습니다만, 아직도 시간강사는 '교원'으로서 정당히 누려야 할 지위를 얻지 못하고 정치적 · 경제적으로 매우 열악한 상황에 그대로 방치되어 있습니다. 사회에서 이야기하는 비정규직의 문제는 바로 우리 강의실에도 있는 셈이지요.

대학원의 이런 내적인 병폐는 근본적으로 대학원의 발전 자체를 가로막는 문제가 되고 있습니다. 현대의 학문은 각자의 분야를 좁고 깊게 파는 전문성이 발전하여, 결국 연구윤리의 문제점들과 오류를 잡아내는 것 역시 같은 분야를 연구하는 동료 학자들이 담당해야 하는 몫입니다. 하지만 이미 군대처럼 수직적이고 종속적인 대학원 생활을 거친 사람들로 규율이 잡힌 학계에서 건강한 비판이 자리 잡기를 기대하는 것은 쉬운 일은 아닙니다. 논문 표절이나 데이터 조작 같은 연구윤리 문제들이 여전히 존재하는 이유 역시 잘못된 대학원 문화로 인한 비판과 견제의 기능의 상실과 밀접한 연관이 있다고 볼 수 있는 것이지요. 안타깝게도 자조 섞인 농담으로 "대학원생은 교수의 노예다."라고 말하는 경우를 아직 쉽게 찾아볼 수 있습니다. 이런 문제가 해결되지 않는 한 대학에서 자유롭고 창발적인 연구 성과를 기대하기 어렵습니다.

대안은 어떻게 만들어가야 할까요?

대학생 · 대학원생의 인권과 연구윤리를 중심으로 대학원의 부조리들이 공개적으로 문제제기 될 때 힘을 모아서 하나하나 해결해야 한다고 생각합니다. 특히 '학생-교수'라는 관계 역시 보편적인 인간과 인간 사이의 관계의 범주를 벗어날 수 없다는 기본 원칙에서부터 출발해야 합니다. 교수에 대한 존경과 존중은 교육의 일환으로써 존재하는 것이지, 근본적인 신분의 차이로 비화되어서는 안 됩니다. 교육을 받는 학생이 교육의 당당한 주체라는 점, 그래서 교권만큼이나 학습권이 있기 때문에 인격적으로 존중받으면서 교육받을 자격과 권리가 있다는 점을 우리 스스로 잊지 말아야 합니다.

4

★

비리재단은 현재 진행중

비리재단에 대해 알게 되다

저는 강원도 강릉에서 나고 자랐습니다. 인구 20만의 지방 소도시를 벗어나 1000만 인구가 밀집한 서울의 한 사립 대학교에 입학할 때 부모님께서는 너무도 기뻐하셨습니다. 수능 수험생 시절, 대학생 친구들의 학생증을 빌려 대학교 도서관에서 공부를 하곤 하면서 친구들을 부러워하기도 했지요. 그런 제가 '대학생'이 된다는 사실에 벅찬 감동이 밀려오는 것은 당연지사였습니다. 교내 오리엔테이션날, 세상을 다 가진 듯한 행복이 밀려왔습니다.

학과 과방에서 밤새 술을 먹다 지쳐 잠들 정도로 신나게 놀았습니다. 전혀 이해가 가지 않는 교수님의 수업을 듣는 것마저 행복할 정도였습니다. 동아리 가입은 기본이고, 새내기새로배움터, 학과 MT 등 행사란 행사는 무엇이든 다 참가하다보니 완전 '또 하나의 가족'이 생긴 듯했습니다. 선배, 동기들과 민주광장에서, 자유광장에서, 학생회관 옥상에서, 운동장 한가운데에서, 남산에서, 여의도 공원에서, 한강에서 날이면 날마다 세상을 배우고, 인생을 배우고, 삶을 배웠습니다. 교과서에서만 보던 암기 위주의 지식이 '지구별' 쯤 된다면, 교과서 밖, 그들의 세상살이와 그에 따른 지혜들은 '태양계' 정도라고 칭해야 할 정도로 방대하기 그지없었습니다.

그렇게 신나기만 하던 3월의 어느 날, 선배들과 신입생들이 무척이나 조용하게 보낸 날이 있었습니다. '학교는 내 집, 학생은 내 가족'이라는 세계관이 정립될 무렵, 우리 집 같은 '학교'에서 우리 가족 같은 선배 한 분의 '학내 추모제'를 지낸 날입니다. 들어오기만 하면 다 끝날 것 같았던, 19년 동안 내 삶의 목표였던 우리 학교의 반 세기 이상의 역사가 무조건 밝고 환한 것이 아니었습니다.

민족사학(사립대학) 건설이라는 미명하에 교육기관으로서 출발한 우리 학교지만 총장과 이사진을 가족끼리 구성하고 교사채용, 입학부정, 성적조작 등의 부정부패를 저질렀으며 그에 따른 검은 돈들을 흥청망청 소비했던 것을 알게 되었습니다. 뿐만 아니라, 학생들의 등록금을 본인의 사적 재산인 양 사용한 흔적이 드러나기도 했습니다. 총장 부인의 전용 자동차와 수행기사에 드는 비용을 대학 재정으로 충당하기도 했다니 참 어이가 없지요.

마땅히 교육에 투자되어야 할 등록금을 비리재단이 축적하고, 유용했음에도 그에 대한 정의의 심판은 쉽게 내려지지 않았습니다.

선배들은 가만히 있지 않았다고 합니다. 학내 집회를 통해 더욱 많은 학생들에게 사실을 밝히는 것에 최선을 다했다고 합니다. 경찰과 검찰 등에 수도 없이 비리를 고발하고, 정의를 밝혀달라고 했지만 돌아오는 것은 학교 측의 회유와 조롱뿐이었다고 합니다. 고요 속의 외침이 되어가는 것을 막기 위해 나아가 학생이 할 수 있는 최대한의 투쟁인 200여 일 간의 '수업거부'까지 벌였다고 합니다.

학생들이 불의에 맞서 목소리를 내면 낼수록, 학교 측의 압박도 강도가 점점 강해졌습니다. 총학생회 임원들에 대한 납치와 그에 따른 회유가 있었습니다. 운동부 학생들을 사주하여, 대자보를 뜯고 여학생을 희롱했습니다. 이사장실을 점거한 학생들을 찾아가 무기로 위협하고 폭력을 휘둘렀습니다. 비리재단의 횡포에 맞서 싸우던 학생들을 또 다른 학생들이 막아서고, 그 결과 학생간의 폭력행위가 빗발치기까지 했습니다. 바로 그 과정에서 한 선배는 각목에 맞아 후유증으로 사망에 이르기까지 합니다. 이런 일이 80, 90년대에 비일비재했다는 사실을 많은 사람들이 모르는 것 같습니다. 저 역시도 대학에 입학하고 나서야 알게 되었으니까요.

매년 3월에 열리는 학내 추모제와 추모 참배에 참가하고 있습니다. 그때마다 비리재단을 벌하고, 민주적인 사립대학을 건설하자는 고인의 뜻을 지켜나가고자 다짐합니다. 하지만, 세상은 그리 쉽게 변하지 않는가 봅니다.

사학비리는 어떻게 확산될 수 있던 것일까?

1995년, 학교의 설립 목적과 학교의 특성에 따라 학교 설립 기준을 다양화한다는 취지로 문민정부는 '대학설립준칙주의'를 포함한 5 · 31 교육개혁안을 발표했습니다. 증여세나 세금을 내지 않아도 되기 때문에 어느 정도 자본력을 갖춘 기업들 중, 교육 재단을 만들고 싶어하는 기업들이 상당수 있었습니다. 우후죽순으로 생겨난 대학들은 사학비리로 인해 최근 재정난과 정원부족에 시달리고 있고, 대학폐쇄 명령을 받은 대학마저 생겨나고 있습니다. '대학설립준칙주의'는 2013년을 기점으로 폐지되었지만, 대학을 사유물로 인식해 경영상의 비리를 일삼게끔 길을 터준 교육부의 그릇된 탁상행정은, 다음 세대가 고스란히 피해를 떠안는 지경에 이르렀습니다.

5 · 16 군사쿠데타로 정권을 잡은 박정희는 사학의 공공성 제고를 표방하며 '사립학교법'을 마련했지만, 사학이 운영난을 겪으며 교원을 대량 해고하고 장학금을 축소하자 1년도 안 돼 사학정비를 포기했다. 그 후 사학권력은 족벌체제 경영을 구축했고, 민주화시대인 1980, 1990년대를 경과하면서 사학비리는 다시 봇물처럼 터져 나왔

다. 웬만한 사립대 치고 사학비리 문제 등으로 몸살을 앓지 않은 학교가 없었을 정도였다. 여기다 어느 정도 여건만 갖추면 대학 설립을 허용하는 대학설립준칙주의를 1997년 도입하면서 부실 사학 설립을 부추겼다.[17]

2005년, 사립학교법이 개정되었습니다. '사학의 부패/비리 척결과 공공성을 강화하며 사학의 투명하고 민주적인 운영을 위해' 당시 여당이 개방형 이사제와 공익감사제를 골자로 하는 사학법 개정안을 직권상정하고 통과시켰습니다. 학교설립자 중심의 사립재단 이사회 구성으로 인해 자율적 사립학교 운영이라는 교육감독제도를 악용, 독단적이고 부정적으로 학교를 운영하더라도 법적인 제재장치는 없었습니다. 개방형 이사제는, 사학재단 이사회에 학교설립자 가족 이외에 교사, 학부모 또는 대학평의원회 등 학교구성원이 추천하는 이사를 일정 비율 포함시키는 제도이며, 이를 통해 독단적 재단 운영이 어렵게 되도록 견제할 수 있게 된 것입니다.

또한, 공익감사제는 사립학교의 운용을 감시하는 감사를 족벌로 구성된 이사회에서 선입했었지만 개정 사학법에서는 학교 구성원의 추천을 받는 사람이 감사에 임하게끔 하는 제도로써 부조리를 사라지게 하고 투명한 학교 운영을 가능토록 하는 제도

17 "성균관대 · 중앙대, '화려한 외모'얻었지만". 2015. 한민송. 오마이뉴스.

입니다. 사립대학에는 '대학평의원회'를 설치하여 대학의 발전계획, 학칙 개정, 교육에 관한 중요사항을 심의하도록 하고 예산안을 자문하는 기구의 역할도 가지도록 하였습니다. 그 구성원이 교직원과 교수뿐만 아니라 학생들까지 포함된 보다 민주적인 회의체계라고 평가됩니다. 하지만 당시 한나라당 당 대표였던 박근혜 대통령은 장외투쟁을 선언하고 사학법 원천무효를 주장했고, 거리에 나와 장외투쟁을 주도했습니다. 보수 미디어의 지원사격과 민생법안처리의 지지부진함이 겹쳐 결국 사학법은 "헌법이 보장하는 사유재산권(경영권) 침해이며 자유민주주의 시장경제원리를 부정한다."는 논리를 내세우며 뜯어고쳐졌습니다. 이것이 2007년 사립학교법 개악입니다. 이 개악의 핵심은 족벌사학, 사학재벌, 종신교장의 학교 사유화 허용과 부패사학에 대한 면죄부가 됩니다.

사학 부정부패의 가장 큰 원인 중 하나였던 친인척 족벌운영을 규제하고자 마련한 이사장 친인척의 학교장 임명 금지를 다시 허용했습니다. 이로써 이사장은 아버지가, 학장은 어머니가, 교무처장은 아들에 행정실장 딸, 교수 며느리 등으로 끝없이 이어지는 족벌운영이 다시 합법화되었습니다. 임시이사 임기를 부활시켜 부패사학 복귀의 길을 마련했으며, 이사와 학교장의 위법 방조에 대해 책임을 묻지 못하게 하는 등 부패사학에 면죄부를 주기까지 했습니다. 2007년부터는 '종전이사'(학교법인의 경우 구 사립학교법상의 임시이사가 선임되기 전에 적법하게 선임되었다가 퇴임한 최후의 정식이사-대법원 판결문)라는 이름으로 전국 각지의 사학비리재단 세력들은 쫓겨난 학교에 다시금 복귀하게 되었습니다. 결국, 개악된 사학법은 사학의 민주적 운영을 위해 필요한 조건들을 모두 차단함으로써 교육 민주화를 극단적으로 후퇴시키는 결과를 가져오고 말았습니다.

현재에도 진행형인 사학비리와 그 해결책은 무엇일까?

상지대	'사학비리의 백화점'이라 불리는 김문기 전 이사장은, 정입학 · 편입학 금품수수, 비정상적 강사 채용에 항의하는 학생들에 대한 북한찬양세력으로의 용공조작, 학교를 이용한 부동산 투기, 공금횡령, 총학생회 간부 매수, 학생들에 대한 무차별적 고소/고발 등으로 대법원에서 유죄가 확정된 대표적인 인물. 하지만, 2014년 이사회의 승인을 받아 총장에 선임되었고 2015년 현재 상지대 교수협의회와 총학생회 학생들에게 무분별한 징계를 남발하고 있습니다. 이에 총학생회는 학생총회를 통해 수업거부를 의결하는 등 강력한 반발이 이어지고 있는 실정.
수원대	이인수 총장은, 2013년 10월에 점검 결과, 법인운영/직원 인사/예산 · 회계/시설 비리에 이르기까지 방대한 범위에서 33건에 이르는 비리 사실이 밝혀짐. 세부적 내용으론, 감사원 · 교육부 감사 결과, 기부금 50억 원 사돈회사인 TV조선에 투자, 총장 아들 미국편입학용 학적서류 허위발급, 적립금 예치은행에서 총장 개인 사업용으로 500여억 원 편법대출 의혹, 원과학대 신텍스 건물, 총장 개인사업체 불법 지원 의혹이 제기, 김무성 새누리당 의원이 이인수 총장 국감 증인 채택을 무산시킨 것과 관련해 김 의원의 딸이 수원대 교수로 뇌물성 특채됐다는 의혹제기. 하지만, 이인수 총장에 대한 국정감사 증인채택을 새누리당이 3년 동안이나 거부, 또는 방해하고 있어 국정감사에 채택되지 못하고 있음.

개정에 개정을 거치며 누더기가 되어버린 사학법으로 인해, 앞선 두 대학뿐만 아니라 경기대, 세종대, 동덕여대, 성신여대 등에서 사학비리는 여전히 현재 진행형입니다. 최근 '충암고등학교 급식비리'를 통해 비리재단에 대한 국민의 관심은 뜨거워지고 있지만 사학에서 바른 소리 했다가 부당하게 해직된 교수 역시 속출하고 있으며, 학생에 대한 고발마저 자행되고 있습니다. 대학본부와 이사회의 거대 권력 앞에 학내 구성원들의 권리는 짓밟히고 있으며 자연스럽게 대학 내의 민주주의는 힘을 잃어가고 있습니다.

동덕여대에서는 학생들의 권익을 보장하고 학교 운영을 견제, 감시하는 자치기구인 '총학생회' 선거에 학교당국이 개입하는 사건까지 벌어졌습니다. 학교 차원의 경제적 · 행정적 지원을 미끼로 공약을 제안하면서 선거 출마를 권유한 것입니다. 처음 알려진 양심선언 대자보에 이어 학교 측의 반박 대자보가 붙으며 논란은 심화되었고, 결국 총학생회 선거는 무산되고 말았습니다. 심지어 중앙대에서는 이사회가 대학 평의원회의 심의를 거치지 않은 채 인문사회계열 비인기 전공학과를 폐지하도록 일방적으로 학칙을 개정하기도 했고, 이에 무려 53명의 학생들이 가처분 신청을 하는 사태가 벌어지기도 했습니다.

대만은 교육 부패를 저질렀던 자는 다시 학교로 복귀가 불가능하도록 제도를 마련했다고 합니다. 우리나라에서 사학은 가족과 그 측근들이 이사진을 장악해 주요 보직들을 나눠먹고 있습니다. 한 명이 비리로 인해 학교 밖으로 퇴출되더라도, 나머지 보직의 측근들이 다시금 이사회 회의라는 명목으로 복귀를 시켜줍니다. 도무지 교육적이지 않은 현상이 우리나라에서만 몇십 년째 계속되고 있습니다.

교육은 국가의 기본책무입니다. 교육과 학교가 공적인 것임에도 여전히 대학은 사학비리와 독단적 운영으로부터 자유롭지 않습니다. 앞서 소개했듯, 대학운영에 교수 · 학생 · 교직원 등을 비롯한 동문과 대학발전 논의에 도움되는 인사들이 학교운영에 심의 · 자문하도록 하는 대학평의원회가 있다 해도 구성원의 규정도 정확하지 않고 의결권도 갖고 있지 않기 때문에 아무런 역할을 할 수 없습니다. 사학비리를 막고 대학 안에서의 비민주적 운영과정을 고쳐가기 위해서는 대학구성원들의 의견이 민주적으로 반영될 수 있도록 대학평의원회를 개선해가야 할 것입니다. 또한 정부는 제대로 사립대학에 대한 감사를 진행하지도 않고 대학의 문제에 수수방관하고 있습니다. 더욱이 황당한 건 2012~2014년 교육부 퇴직 뒤 재취업한 공무원 21명은 대학총장을 비롯한 대학 내 주요 교직원이 되었다는 것입니다.[18] 이들을 모셔간 대학은 이전보다 정부 지원금을 훨씬 많이 타냈다는 정황까지 포착됐습니다. 이쯤되니 '교피아(교육부+마피아)'란 수식어가 합당하는 생각까지 듭니다. 사립학교 문제를 해결하기 위해선 '고여 있는 윗물의 비리부터 척결'해야겠습니다. 지금 현재에도 수많은 시민단체

18 「교피아 : 퇴직후 재취업자 100% 교육관련기관으로」. 2014. 정진후 정의당 국회의원.

들과 교육자들이 함께 비리사학의 퇴출과 교육의 공공성 보장을 위해 함께 고민하고 있습니다. 문제해결을 위한 비전이야 많겠지만, 가장 중요한 것은 이 글을 읽는 독자 한 분 한 분의 관심이 아닐까 생각합니다.

5

★

대학을 권력으로부터 자유케 하라!

2015년 8월 17일 부산대학교에서는 입에도 담기 힘든 충격적인 일이 있었습니다. 국어국문을 가르치던 교수님이 유서를 남기고 본관 4층에서 떨어져 목숨을 끊는 사건이 벌어진 것입니다.

> 대학의 민주화는 진정한 민주주의 수호의 최후의 보루이다. 그래서 중요하고 그 역할을 부산대학교가 담당해야 하며, 희생이 필요하다면 그걸 감당할 사람이 해야 한다. 그래야 무뎌져 있는 민주주의에 대한 의식이 각성이 되고 진정한 대학의 민주화 나아가 사회의 민주화가 굳건해질 것이다.
>
> -고(故) 고현철 교수 유서 중

왜 교수님은 대학에서 민주화를 말하며 투신자살할 수밖에 없었을까요?

교수님이 대학의 민주화를 이야기했던 배경에는 '총장직선제 폐지'가 있었습니다. '총장직선제'는 대학구성원들의 총의를 모아 민주적으로 총장을 선출하는 제도입니다. 이는 87년 민주화운동의 성과로 생겨난 제도로 지난 독재정권에서 대학을 자신의 정권 창출의 수단으로 활용했던 것에 저항하기 위해 만들어진 것입니다. 하지만 이명박 정부시절인 2012년 1월, 국립대학교 선진화 방안이 발표됩니다. 선진화의 기준에는 '총장직선제 개선'이 포함돼 있었고 직선제 폐지 여부에 따라 5점이 부여될 수도, 감점될 수도 있는 상황이 발생한 것입니다. 대학들은 5점 차이로 '우량대학'이냐, '부실대학'이냐가 갈리고, '부실대학'이 되면 정부의 재정지원이 끊기기 때문에 결국 전국 38개의 국립대학이 총장직선제를 폐지하게 되었습니다. 부산대 역시 총장이 독단적으로 직선제를 폐지했다가 학내 구성원들의 반발에 부딪혀 다시 재논의를 하게 된 대학이었습니다.

이명박 정부에 이어 박근혜 정부는 직선제를 폐지하고 간선제로 선출된 대학총장 후보마저 임명 제청을 거부하고 있습니다. 2014년 10월, 공주대, 한국방송대, 한국체육대는 직선제를 폐지하고 간선제로 전환한 다음 총장 후보를 선출했지만 교육부는 별다른 이유없이 임명 제청을 하지 않았습니다. 수개월째 임명 제청을 하지 않으면서 총장 공석 사태가 벌어졌습니다. 총장직선제를 폐지시켜놓고도 정권의 뜻과 달리하는 총장의 경우 간선제로 선출돼도 임명을 하지 않고 있는 것입니다.

총장직선제 이외에도 정부가 대학을 재정을 미끼로 하여 평가하고, 입맛대로 바꾸는 일들은 모든 대학에서 벌어지고 있습니다. 2014년 12월 24일 교육부는 대학구조개혁평가 기본계획을 발표했습니다. 인구감소로 대학의 수가 지나치게 많다며 대학을 평가해 인원감축을 강제하겠다는 것입니다. 이에 따라, 대학들은 살아남기 위해 평가지표전쟁을 치뤘습니다. 대표적인 평가지표가 취업률을 중점으로 한 교육성과, 성적과 수업관리를 중점으로 한 학사관리 등입니다.

전체 대학에서는 취업률을 높이고 인원감축을 통해 평가점수를 높이기 위해 '학과 구조조정'을 진행했습니다. 최근 6년간 학과통폐합 사례는 총 1,320개(수도권 295/비수도권 1,025개)로 갑자기 어느 날 학과가 사라지거나, 다른 학과와 합치는 일들이 모든 대학에서 수도 없이 벌어지고 있습니다.

이외에도 성적평가와 성적관리의 엄정성을 위해 모든 학교에서 절대평가가 축소되고 성적비율이 변경됐습니다. 한국외대에서는 개강하고 2주가 지나 336개의 강의가 폐강되기도 했고, 작년에는 학기가 다 끝나갈 무렵 절대평가를 상대평가로 변경하는 〈성적평가 개정안〉을 일방적으로 통보해 학생들이 반발하는 일이 있었습니다. 교육부에서 진행하는 대학구조개혁평가에서 높은 점수를 받기 위해서 학생들에게는 일방적으로 통보하고 학과 구조조정을, 성적평가정책을, 교수님을 바꿔버리는 일이 속출한 것입니다.

그렇게 진행된 전체 대학평가로 2015년 8월 31일에는 평가결과가 발표됐습니다. 1등부터 마지막 꼴등까지 점수가 매겨지고 재정지원을 받지 못하는 하위등급만 어느 학교인지 명단이 공개됐습니다. 이제 평가결과에 따라 인원감축을 하라며 권고하는 상황입니다.

학령인구에 비해 대학이 너무 많아 진행된 대학구조개혁평가정책인데 '결과에 따른 권고'라니, 이상하다는 생각이 들 것입니다. '권고'는 말 그대로 요구하는 것이어서 강제할 구속력은 없으

구조개혁 평가에 따른 정원감축 비율

구분	A등급	B등급	C등급	D등급	E등급	평가 제외
일반대학	자율감축	4%	7%	10%	15%	7%
전문대학		3%	5%	7%	10%	5%

2016학년도 학자금 대출 제한대학 명단(일반대 기준)

일반 50%(10)	강남대학교, 경주대학교, 극동대학교, 상지대학교, 세한대학교, 수원대학교, 영동대학교, 청주대학교, 호원대학교, 한영신학대학교
일반 든든 100%(6)	대구외국어대학교, 루터대학교, 서남대학교, 서울기독교대학교, 신경대학교, 한중대학교

자료: 교육부

니 말입니다. 그렇다면 정부의 '권고'에 대학들은 어떤 선택을 할까요? SKY와 같이 정부의 눈치를 보지 않아도 되는 상위대학을 제외하곤 모두 정부의 말을 들을 것입니다. 아, SKY는 이번 평가 정책에서 당연히 A등급을 받았으니 교육부는 '권고'할 걱정이 줄었겠네요.

지금의 대학은 어떻게 완성된 것일까요?

김영삼정부는 1994년 초에 '국제화 원년'이라면서 국제화추진위원회, 교육개혁위원회를 만들었고 다음해에 〈5 · 31교육개혁안〉을 발표합니다. 대한민국의 대학교육을 얘기할 때 5 · 31교육개혁'의 이전과 이후로 대학은 나뉜다고 할 만큼 5 · 31교육개혁이 대학에 미친 영향은 절대적인 것이었습니다.

5 · 31교육개혁은 세계화시대에 걸맞은 개혁 · 개방을 추구해야 한다면서 전략의 핵심으로 '공교육 시장화(marketizing)'와 '학교 민영화(privatization)'를 주장합니다. 공교육 시장화는 학교와 교원을 '교육서비스'의 공급자로, 학생 · 학부모 · 기업을 소비자로 보는 접근방식으로 비용-편익의 효율성을 제고한다는 것입니다. 또한, 학교 민영화 전략은 학교운영을 정부가 독점할 게 아니라 민간에 맡겨서 그 효율성을 극대화하자는 구상입니다.

그렇게 도입된 것이 '대학설립준칙주의'입니다. 대학설립준칙주의는 일정 기준만 충족하면 대학설립을 허용한다는 것으로 이는 결국 우후죽순으로 대학이 설립되도록 하였으며 대학진학률 역시 증가하게 됩니다. 그 결과 30%에 불과했던 대학진학률은 2014년 기준 80%대를 육박하고 있습니다.

등록금 책정 역시 1992년 모든 대학이 학부와 대학원의 등록금을 자율적으로 책정하도록 되어 있었는데, 5 · 31교육개혁을 통한 대학 수와 대학생 수의 폭발적인 증가와 무한경쟁체제의 도입은 자연스레 교육비용의 급격한 상승을 불러왔습니다. 대학설립 자율화와 정원자율화안도 실상은 공공교육기관인 대학에 대한 재정지원을 포기한 채, 교육을 시장경제체제에 편입시켜 공교육의 문제를 대학간 무한경쟁과 국민 개인적 부담으로 해결하도록 하는 방편으로 전락한 것입니다.

이렇게 만들어진 대학은 재정구조가 튼튼하지 못해 등록금에 70~80%를 의존해 대학을 운영하고 있습니다. 그러다보니, 정부가 재정을 매개로 하는 정부재정지원사업에서 높은 점수를 차지하기 위해 갖은 애를 쓰게 되는 것입니다. 뿐만 아니라, 5 · 31교육개혁의 경쟁프레임이 학령인구가 감소해 대학을 줄여야 하는 상황에서도 그대로 수용될 수 있도록 대학들 역시 교육부의 정책처럼 경쟁을 통해 인원감축을 하는 선택에 동참하게 되는 것입니다.

이 과정에서 피해는 누구에게 올까요? 정부는 재정을 미끼로 대학을 관리하고, 대학들은 살아남기 위해 학생들에게 모든 피해를 전가시킵니다. 학생들은 갑인 정부와 을인 대학으로부터 빚을 져 등록금을 내고도 그에 상응하는 교육을 받을 수 없습니다.

어느샌가 대학은 사람을 교육하고 키우는 곳의 의미보다는 1등 대학부터 꼴등 대학까지 서열화된 대학에서 이번엔 개별로 등급을 메길 수 있도록 학생들을 가르는 시스템의 역할을 하고 있습니다. 그렇기에 서열이 높은 대학순으로 덩치는 커지고 적립금은 많아지고 있지만 교육의 질은 모든 대학이 평준화되는 기현상이 벌어지고 있습니다.

대학은 어떻게 바뀌어야 할까요?

언젠가 일본에서 석사공부 중인 한국 유학생을 만난 적이 있습니다. 그 유학생은 대구교대를 졸업하고 일본 교육대학원으로 유학을 간 대학원생이었습니다. 제가 "한국 대학과의 가장 큰 차이를 뭐라고 생각하냐?"고 물었더니, 그 유학생은 "한국에서 대학을 다닐 땐 정부정책에 따라 대학이나 교육이 바뀌고 교수님은 나를 평가하는 존재라고 생각했다.", "일본은 교수와 학생의 관계가 동료처럼 가깝고 자기 대학이나 학문에 대한 자부심이 굉장하다." 고 답했던 게 기억납니다.

대학은 '비판의 장이면서 성찰의 공간'이어야 합니다. 이것이 대학이 존립하는 이유이며 우리 사회를 발전시키는 힘입니다. 대학이 비판과 학문, 연구의 자유를 박탈당할 때, 더 이상 민주주의를 실현할 수 없을 때 대학은 죽은 것과 마찬가지입니다. 하지만 현재 우리나라 정부는 재정을 미끼로 대학을 자기 입맛대로 개편하되, 대학의 자율성과 독립성은 훼손하고 있습니다.

그것부터 바뀌어야 합니다. 대학이 정부권력으로부터 자유롭고, 국민의 것으로 돌아올 수 있도록 대학을 개편할 때 대학이 덩치를 키우는 게 아니라 내실을 키우는 데 집중할 수 있을 것입니다.

6

★

기업이 되어버린 대학

건국대 영화학과의 통폐합을 반대하는 연예인들이 작은 피켓을 든 사진을 본 적이 있는지요? 올해 초 건국대학교는 취업률이 낮다는 이유로 영화학과와 영상학과의 통합을 결정했다고 기습 발표했습니다. 이에 학생들이 반발했습니다. 영화학과와 영상학과는 애초에 성격이 다를뿐더러 예술을 취업률의 잣대로 평가할 수 있느냐는 것이 그 이유였습니다. "필름이 끊기지 않는 한 무직이 아니다."라는 학생들의 간절한 외침은 닿지 않았습니다. 교육부의 대학구조개혁평가가 결정적인 원인이 되었기는 하나, 이미 대학은 이런 사태를 예고하고 있었습니다.

구조개혁평가, 구조조정, 정원감축……. 이런 단어들을 가만히 보고 있자면 마치 어떤 기업에 대한 이야기인 것만 같습니다. 그도 그럴 것이 '구조조정'은 '기업의 불합리한 구조를 개편하여 효율성을 높이는 일'[19]을 의미하기 때문입니다. 언젠가부터 대학은 기업처럼 사고하고 행동해왔습니다. 기업을 꾸려가듯이 학교와 학생을 다루기도 하고, 직접 기업이 되어서 수익사업을 벌이기도 합니다. 대학이 기업식으로 학교를 운영하는 또 다른 예를 볼까요? '사람이 미래다'라는 두산이 인수한 중앙대학교의 사례입니다.

2009년도에 중앙대학교에 입학한 학생들은 '두산 학번'이라 불렸습니다. 두산이 중앙대를 인수한 후 처음으로 입학한 학생들이었기 때문입니다. 기대에 찬 학교는 술렁였고 학생들은 학교가 좋아질 거라는 확신에 차 있었습니다. 그러나 결과는 기대한 바와 조금 다르게 나타났습니다. 회계 과목이 필수 교양으로 자리 잡았습니다. 이는 박용성 전 중앙대 이사장이 "기업인들에게 '애들 뽑아놓으니 숫자는 좀 알더라.'라는 평가를 받는 것이 목표"[20]라고 말한 것과 밀접한 관련이 있습니다. 또 2010년 경쟁력을 이유로 18개 단과대를 10개로 줄이고 77개 학과를 46개로 통폐합하면서 '대학 역사상 가장 큰 실험이 될 것'이라고 하는가 하면, 학생을 '원자재'에 빗대기도 했습니다. 물론 학과 구조조정은 글로벌 기업 경영컨설팅 업체의 자문을 받아 이루어졌습니다. 그

19 국립국어원 '신어' 자료집(2004년)에 수록된 단어입니다.
20 《월간조선》 2008년 11월호 인터뷰.

후로 중앙대학교는 학생을 교육서비스의 대상으로만 보는 듯했고, 수요가 적은 상품을 재고정리 하듯이 취업률이 낮은 학과를 쳐냈습니다. 그리고는 대학교라는 간판을 내건 '중앙기업'과 같아졌습니다.[21]

대학의 기업화는 어떤 문제를 가지게 될까?

기업식으로 학교를 운영하면 대학은 교육의 장이 아닌 시장이 됩니다. 언뜻 보면 시장의 논리가 적용되는 대학이 멋지게 느껴지기도 합니다. 그러나 시장은 자유와 경쟁을 전제로 합니다. 그러다보니 자연스레 경쟁에서 앞서는 자와 뒤처지는 자가 있기 마련입니다. 이는 우리가 지향하는 교육의 가치와 조금 멀게 느껴집니다.

대학이 기업처럼 학교를 운영하면서 가장 먼저 드러나는 변화는 학문단위의 구조조정입니다. 취업률을 단기간에 높이기 위하여 대학들은 취업률이 낮은 학과를 없앱니다. 다양한 공부를 하고 싶어서 대학에 들어왔는데 모두 계산기를 두드리며 경영학과 경제학을 배우는 현실. 기초학문의 경우는 더 심각합니다. 올해 대학이 모집한 학생 중 가장 많은 비중을 차지한 곳은 경영경제

21 박용성의 '중앙대'… 1200억 원에 망가진 '두산대'. [침몰하는 한국대학①] '대학기업화의 신' 박용성의 무소불위 7년 2015. 4. 28. 오마이뉴스.

계열인 반면, 가장 많은 입학정원이 축소된 계열은 언어문학계열이었습니다. 또 의약계열과 공학계열은 입학정원이 증가했지만, 사회계열, 인문계열, 예체능계열, 자연계열, 교육계열 입학정원은 감소했습니다.[22] 기초학문은 말 그대로 모든 학문의 기반이 됩니다. 기반이 튼튼하지 않은 상태에서는 어떤 건물을 세워도 흔들리기 마련입니다. 장기적으로 봤을 때 국가의 학문이 성장할 수 있는 토대가 약해지는 것입니다. 수업의 질도 보장할 수 없습니다. 취업률이 높은 학과에 과도한 인원배정을 하다 보니 정해진 시설에 비해 많은 인원이 들게 됩니다. 인원을 줄이거나 늘리기는 쉽지만, 교육 여건을 그에 맞추기는 쉽지 않습니다. 교실과 강사가 부족한 일이 생기게 됩니다.

2009년 박용성 이사장은 또 '학교의 주인은 이사회'라고 주장한 바 있습니다. 나머지 학내 구성원들의 권리 주장은 학교발전에 걸림돌이 된다고 덧붙여 학생들에게 충격을 주었습니다.[23] 대학의 의사결정권은 학교법인에서 비롯되고, 운영주체는 학교법인의 이사회로 보는 게 논리적으로 타당하다는 것입니다. 이처럼 기업화된 대학의 이사회는 학교를 좌지우지하는 무소불위의 권력을 가지게 됩니다.

이러한 대학의 기업식 운영은 대학을 대학답지 못하게 만듭니

22 「2015년 국정감사 보도자료」. 2015. 국회의원 정진후.
23 「대학 발전과 참된 주인의식」. 2009. 8. 28. 박용성. 중앙일보.

다. 학생들은 부실한 학문의 토대에서 질이 떨어지는 수업을 들을 뿐 아니라 학내 구성원으로서 목소리도 제대로 내지 못합니다. 그러면서 끊임없는 평가를 받습니다. 대학을 교육기관이라고 말하기 난감한 실정입니다.

대학이 기업처럼 학교를 운영하는 한편, 직접 기업이 되어서 수익사업을 벌이기도 합니다. 이는 크게 상업시설을 설립하는 것과, 땅이나 금융상품에 투자하는 것으로 나눌 수 있습니다.

대학 내 상업시설은 꾸준히 증가해왔습니다. 대표적으로 부산대 NC백화점(구 효원 굿플러스), 서강대 곤자가컨벤션, 고려대 지하상가(일명 고엑스) 이화여대 ECC 등이 있습니다. 학교 입장에서는 높은 임대료를 낼 수 있는 점포를 선호합니다. 때문에 거대 프랜차이즈 기업이 들어오기 쉽습니다. 이것이 진정 학생을 위한 시설인지는 의문이 듭니다. 금전적인 문제가 불거지기도 합니다. 이화여대 ECC는 교육시설이 본래 용도였으나 임대사업을 벌였다는 이유로 서대문구와 4억상당의 재산세 소송에 휘말렸습니다. 부산대도 지은 건물에 비해 많은 상가가 분양되지 않아 거액의 빚을 떠안았습니다. 임대사업으로 수익을 좀 올려보려다가 도리어 문제가 생긴 사례입니다.

학교에서 직접 금융상품 등에 투자를 하기도 합니다. 사립대학은 적립금의 50% 한도에서 증권을 취득할 수 있게 되어 있습니다. 많은 대학들이 투자를 하였으나 꽤 높은 비율로 손해를 보고 있습니다. 중앙대의 경우에도 2011년 100억을 투자하여 62억을 손해를 보게 되어 큰 문제가 되었습니다.

대학에서 직접 하는 사업은 손해를 볼 수 있습니다. 문제는 이 손해가 학생들의 주머니에서 나온 등록금이라는 것입니다. 기업과 다르게 학교는 이윤창출을 목적으로 하지 않습니다. 학생의 등록금은 교육을 위해 쓰여야 하며 수익사업은 교육을 침해하지 않는 범위 내에서 이뤄져야 합니다.

어떻게 해결할 수 있을까요?

대학은 대학법인이나 이사회의 것만은 아닙니다. 학생들의 것이기도 합니다. 그런 대학이 기업처럼 학교를 운영하는 것도 모자라 기업이 되려 합니다. 헌법에서 명시하듯이 대학은 '공공성을 가지는 교육기관'입니다. 대학의 기업화를 막기 위해서는 이 '공공성'을 확대해야 합니다.

대학 안에서 구성원들의 힘의 균형을 통한 민주적 운영이 보장되고 상호 발전적인 토론을 통해 대학이 운영될 수 있는 법제도와 재정지원이 필요합니다. 이는 정부의 도움이 있어야만 가능합니다. 기업 같은 대학은 고등교육의 발전을 목표로 하지 않습니다. 자본의 논리 속에서 경쟁할 따름입니다. 그러나 정부가 공공의 대학을 만들면 대학은 본래 교육기관의 위상을 되찾을 수 있을 것입니다.

7

★

아직도 우리는 대학에서 희망을 찾는다

우리는 왜 대학에 가는가?

2014년에 EBS다큐프라임에서 6부작짜리 〈왜 우리는 대학에 가는가〉란 다큐가 상영된 적이 있습니다. 다큐에는 초 · 중 · 고 12년의 입시전쟁을 거쳐 대학에 입학했음에도 맹목적으로 질주할 수 밖에 없는 대학생들의 삶이 생생히 비쳐졌습니다. '왜 우리는 대학에 왔고, 무엇을 위해 하루를 열중하는 것인가?', '왜 대학 강의실에서는 질문과 생각이 사라진 것인가?'에 대한 의문은 공감은 되도 씁쓸함이 더 크게 와닿았습니다. 아마 여러분들에게도 비슷한 답답함과 어려움으로 지금의 대학 문제가 다가오지 않을까 싶습니다. '맞긴 하지만 뭐 어쩌라는 얘기야……'가 요즘 대학의 문제를 접하는 우리가 겪게 되는 단상입니다.

21세기 대학을 지켜보면 예전의 '진리의 상아탑, 정의의 전당'이라 불리던 모습은 온데간데없고 능력검증기관, 취업사관학원으로 전락했습니다. 공부를 열심히 해 SKY를 가는 게 아닌, 부모를 잘 만나야 좋은 대학을 가는 것으로 바뀌었고 졸업장은 평생의 계급을 결정짓는 계급장으로 전락했습니다. 그러다보니 대학 안에서의 권력관계는 절대적인 것으로 치부되어 비리와 횡령이 횡행하고 비상식적인 의사결정과 경쟁만이 극심해졌습니다.

하지만 그럼에도, 대학을 바꾸기 위한 사람들이 있고 시도들이 있었습니다. 앞서 대학에 대한 글을 썼던 모든 사람들은 21세기 대학의 피해자 · 당사자들이고, 바꾸기 위해 시도하는 사람들입니다. 왜 우리는 현실을 인정하지 않고 그럼에도 불구하고 대학을 바꾸어야 한다고 말하는 걸까요? 지금의 대학을 가만히 지켜보기엔 대학은 여전히 중요한 교육기관이기 때문입니다.

"대학은 권력과 설립자의 것이 아닌, 구성원의 것이고 국민들의 것이어야 한다"

고등교육법 제28조(목적) 대학은 인격을 도야(陶冶)하고, 국가와 인류사회의 발전에 필요한 심오한 학술이론과 그 응용방법을 가르치고 연구하며, 국가와 인류사회에 이바지함을 목적으로 한다.

고등교육법의 세부 목적에 따라 대학교, 전문대학, 대학원, 전문대학원으로 고등교육기관은 나뉩니다. 법의 목적처럼 대학은 사회 발전에 필요한 이론, 방법을 가르치고 그것은 사회 발전의 힘으로 활용됩니다. 그렇기에 대학이 지금과 같이 겪는 문제들은 몇몇의 구성원들이 피해를 겪고 불량기관으로 치부될 수 없는 '전체 구성원들의 피해이고, 사회발전의 장애물'로 될 수밖에 없는 것입니다.

오찬호씨가 쓴 책 『진격의 대학교』서문에는 다음과 같은 내용이 나옵니다.

> '2045년, UN에서 한국은 자살율이 너무 높으니 이를 해결하라고 권고가 내려옵니다. 이를 논의하는 청와대회의에서는 대통령을 비롯한 모든 관료는 골치 아파합니다. 자살은 개인적인 일인데 어떻게 해결할 수 있는 거냐고. 그래도 UN 권고사항이니 대책 마련하는 척이라도 하려고 사회학과를 찾는 데 2022년 서울대를 마지막으로 이 땅의 사회학과는 모두 사라졌다는 것입니다.'

전국 4년제 대학 299개[24] 중에 사학과 58개, 경영학과 344개인 2015년을 생각하면 30년이 지난 후엔 가능할지도 모릅니다.

24 대학알리미. 2015. 통계.

"대학이 제 역할을 하기 위한 두 가지 전제조건"

대학이 제 역할을 하기 위해서는 균등하게 교육을 받을 수 있는 '평등'의 원칙이 적용되고 사회발전을 위한 이론과 방법을 만들어 낼 수 있는 '발전'의 원칙이 함께 균형있게 작동돼야 합니다.[25]

'평등'의 원칙이란 학문연구에서 정치 · 경제 · 사회 · 문화적으로 평등한 기회가 제공되는 것을 의미합니다. 현재 청년들의 현실을 금수저, 은수저, 동수저, 흙수저, 똥수저로 비유합니다. 부모의 재력이 자녀의 평생 재력을 결정한다는 것으로 아무리 노력해도 공정한 평가를 받을 수 없다는 것을 의미합니다. 이전의 대학은 '개천에서 용난다'는 말처럼 노력 여하에 따라 합리적 보상이 가능했습니다. 하지만 현재는 다른 출발선에서 미친 경쟁을 해도 쫓아갈 수 없도록 초 · 중 · 고 · 대학까지 교육이 서열화되어 있습니다. 또한, 대학을 입학하고 졸업할 때까지 드는 비용 역시 천정부지로 높아지면서 중산층 역시 빚을 내 대학을 보내지 않으면 가능하지 않은 구조로 마련되어 있습니다.

'평등'의 원칙을 구현한다는 것은 경제적 능력과 상관없이 자신이 고등교육을 받을 수 있는 학습능력이 갖춰지면 보장될 수 있어야 한다는 것을 전제합니다. 많은 사람들이 대학에 대한 재정지원을 말할 때 '세금낭비', '특권층에 대한 세금투여' 라는 말을

25 민주화를위한전국교수협의회 엮음. 2015.「입시 · 사교육 없는 대학체제」. 한울. p.21.

많이 합니다. 하지만 앞서 언급했던 것처럼 대학에서 생산한 이론과 인재는 우리 사회를 발전시키는 성장동력이 됩니다. 그렇기에 대학에 대한 투자를 적극해 사람을 길러내야 합니다.

'평등'의 원칙과 함께 '발전'의 원칙 역시 대학을 발전시키는 데서 중요한 역할을 합니다. 현재 정부에서 진행하는 대학의 평가 정책이나 지원정책은 기본 '취업율'을 중심으로 대학을 평가해 기초학문을 붕괴시키고 있다는 비판을 많이 받습니다.

대학 제28조(목적)	대학은 인격을 도야(陶冶)하고, 국가와 인류사회의 발전에 필요한 심오한 학술이론과 그 응용방법을 가르치고 연구하며, 국가와 인류사회에 이바지함을 목적으로 한다.
전문대학 제47조(목적)	전문대학은 사회 각 분야에 관한 전문적인 지식과 이론을 가르치고 연구하며 재능을 연마하여 국가사회의 발전에 필요한 전문직업인을 양성함을 목적으로 한다.
기술대학 제55조(목적)	기술대학은 산업체 근로자가 산업현장에서 전문적인 지식 · 기술의 연구 · 연마를 위한 교육을 계속하여 받을 수 있도록 함으로써 이론과 실무능력을 고루 갖춘 전문인력을 양성함을 목적으로 한다.

하지만 대학은 종합대학과 전문대학, 기술대학의 사회적 역할은 다르며 대학별로 설립한 설립이념도 다릅니다. 이는 한 가지 평가지표로 대학을 평가할 수도 없고, '취업율'을 중심으로 한 일률적인 대학평가지표가 근본적으로 잘못됐다는 것을 의미합니다. 대학이 제 목적에 맞게 발전하기 위해서는 대학의 구성원인

교수, 교직원, 학생들의 요구가 실현될 수 있도록 대학운영에서의 독립성과 구성원간 민주적운영이 보장될 수 있는 법제도가 함께 마련돼야 합니다.

2007년, 사립학교에서 재단이사회 비리횡령 등 사적재산으로 대학을 운영하는 문제들이 극복되지 않자 '대학평의원회'를 사립학교법으로 강제했습니다. 하지만 교원 · 직원 · 학생을 의무적으로 포함시키되, 구성원간 동수 구성도 아니고 동문 및 학교의 발전에 도움이 될 수 있는 자를 포함할 수 있다는 추가조항이 있어 학생들의 목소리는 전혀 반영되지 않고 있습니다. 또한, 평의원회는 실제 의결권도 주어지지 않기에 형식적 기구로 전락한 상황입니다. 현재 대학에 필요한 법제도는 구성원들의 목소리가 반영될 수 있고 집행까지 주어지는 실질적 의사결정기구여야 합니다.

"그렇다면 우리가 만들고 싶은 대학은 무엇인가?"

모두가 '위기의 대학'이라 지금의 대학을 진단합니다. 하지만 위기의 대학을 흔들어 작은 균열을 내고 큰 변화를 만들려고 하는 주체가 있다면 진단은 종결의 의미가 아니라 새로운 시작의 의미일 것입니다. 2015년 우리는 '위기의 대학'에 맞서 바꿔가려 하는 대학의 비전을 다음의 10가지로 정리합니다.

• 우리가 바라는 대학 10대 비전 •

· 초 · 중 · 고 · 대학까지 벌어지는 입시경쟁과 생존경쟁까지 '불합리한 과잉경쟁'을 없애나갈 수 있도록 한다.

· 반값등록금과 저소득층에 대한 장학금정책을 펼쳐, 돈 걱정 없이 학업에 전념할 수 있는 환경을 마련해야 한다.

· 대학 안에 구성원들이 평등하고 민주적으로 학교를 운영해갈 수 있도록 법제도를 마련하고, 성폭력과 인권침해로부터 자유로운 교육 · 연구환경을 보장해야 한다.

· 대학을 사적 이익의 수단으로 사용하지 못하도록 해야 하며, 사립대 설립자들인 재단과 국공립대 설립자인 정부지자체는 대학에 대한 재정 책임을 다해야 한다.

· 사립대 중심의 대학에서 정부책임대학으로 전환해 대학을 국민들에게 돌려줘야 한다.

· 정부는 대학을 정권의 입맛대로 통제하지 말고 대학에 대한 자율성과 공공성에 대한 책임을 져야 한다.

· 자본의 종식된 대학이 아닌, 연구와 진리탐구의 장인 대학이어야 한다.

· 대학구성원들을 소비자로 전락시키는 상업시설을 대학구성원들을 위한 협동조합으로 전환해야 한다.

· 다른 사람을 짓밟는 경쟁이 아닌, 함께 머리를 맞대는 공동체가 다시금 대학에서 복원되어야 한다.

· 대학은 다양한 구성원들이 함께 공존하고 연대할 수 있는 장이어야 한다.

designed by freepik.com

4부

평화,
통일보다 낯선

'평화' '통일'. 참 거대하고 무거운 단어입니다. 잘 보이지도, 잘 느껴지지도 않으며, 무엇보다 나와 동떨어진 담론이라고 생각됩니다. 그렇습니다. 허리가 잘리는 아픔을 겪은 지 반세기가 넘었지만 우리는 이제 그 아픔이 익숙해져 원인이 무엇인지, 무엇이 문제인지도 모르는 상황이 되었습니다. 오히려 아픔이라는 비정상적 상태를 정상적으로 바라보는 지경에 이르렀습니다. 이제 분단의 모순과 비정상을 넘어 탈분단으로 나아가야 합니다. 분단 문제를 해결하는 방법은 분단으로 인한 문제가 무엇인지 인지하는 데 출발합니다.

4부 첫장은 '통일이라 쓰고 탈분단이라 읽는다.'라는 제목으로 시작합니다. 기성의 주류 통일 담론이 내포한 폭력성을 비판하고, 통일논의가 나아가야 할 방향을 제시합니다.

2장에서는 '분단 모순 극복으로서의 통일'이라는 주제로 분단에 따른 우리 사회 문제점들과 역사적 배경을 지적하고 있습니다.

3장부터는 지금까지 다뤄온 분단 문제의 구체적인 사례로 우리 사회의 수직적 군대문화를 지적한 '이게 우리가 싸워야 할 일이 아니야!'라는 글을 담았습니다.

4장은 분단으로 만남이 중단된 남북관계의 해법으로 남북교류협력을 촉구하는, '중동'보다 '남북교류협력'에서 라는 글이 담겨져 있으며,

5장은 '핏빛이 아닌 장미의 붉은빛으로'라는 제목으로 분단 문제가 한반도만의 화두가 아닌 전 세계적인 화두라는 차원에서의 문제의식과 평화적 감수성을 나누고 있습니다.

6장은 '스무 살, 분단을 인식하고 평화에 공감하자!'라는 제목으로 우리 세대의 분단 문제에 접근법을 공유하고 방향을 제시하고 있습니다.

평화와 통일 이야기를 담았지만, 결국 이 책은 분단 문제 즉 북한에 대한 이야기가 많이 담겨 있습니다. 이 책을 읽는 분들에게 한 가지 바람이 있다면. 편견이 아닌 사실을 바탕으로 한반도 문제에 접근했으면 하는 것입니다.

바꿈청년네트워크 평화 · 통일분과

박영민(동국대 북한학과) | 신정현(사람도서관 리드미)

이다솜(독립다큐멘터리스트) | 임지훈(건국대 통일인문학 박사과정)

최수지(학교통일교육 전문강사) | 홍명근(시민의날개)

1

★

통일이라 쓰고 탈분단이라 읽는다

"북한을 공부한다고요? 그럼 빨갱이 아닌가요?"

20세기 냉전 시절에나 나올 법한 이야기 같지만, 실제로 필자가 받았던 질문입니다. 저는 대학에서 '북한학'을 전공했습니다. 북한에 대해서 공부한다고 소개하면 대부분의 사람들은 호기심을 보이곤 하는데, 호기심에서 더 나아가 저런 질문을 던지는 경우도 간혹 있습니다. 이처럼 '북한 공부=빨갱이'라는 도식이 아직도 존재한다는 사실이 놀라웠습니다. 이와 비슷한 다른 웃지 못할 사례들도 많습니다. 한번은 학과 학생들이 통일 관련 공모전에 참여하기 위해 페이스북에 북한의 음식문화를 소개하는 게시물을 올렸다가 '종북 계정'이라며 신고를 당하는 일도 있었습니다. 때때로 시험공부를 하기 위해 버스 안에서 전공서적을 보고 있으면 옆에 앉아 있던 어르신이 "젊은 사람이……"라면서 혀를 끌끌 차기도 합니다.

왜 이런 일이 일어날까요? 북한에 대해서 다루는 것만으로도 종종 오해를 받는 까닭은 무엇일까요? 우선 가장 큰 이유는 우리가 분단된 국가에서 살아가고 있기 때문입니다. 분단체제하에서 남북은 오래도록 적대적 관계를 유지해왔고, 북한이라는 존재를 대상화 · 타자화 하는 것은 분단 현실을 유지하는 데에 중요한 기제로 작동하기 때문입니다. 이를 다른 말로 '레드 콤플렉스'라고도 합니다. 위에 소개한 경험들은 우리 사회 내의 레드 콤플렉스를 잘 보여주는 사례입니다. 북한과 관련된 건 우리 안의 적, 곧 '빨갱이'가 되고, 북한의 주체사상에 대해 언급한 교과서는 '좌편향 교과서'라는 애먼 딱지가 붙는 것 또한 마찬가지입니다.

통일을 이야기하는 데 있어서 무엇보다도 중요한 것은 우리가 처한 분단 현실을 살펴보는 것입니다. '우리의 소원은 통일'이라며 통일의 당위성을 구구절절이 설명하는 시대는 지났습니다. 이 글 또한 여러분들에게 "통일은 반드시 해야 돼!"라고 호소하기 위한 글이 아닙니다. 대신 우리가 분단이라는 괴물과 함께 동거(同居)하고 있는 현실, 비정상적인 분단 사회 속에서 겪는 여러 문제점들을 살펴보고 이 같은 상황을 다 같이 넘어서기 위한 방법에 대해 생각해보고자 합니다.

후천성 분단인식 결핍증?

분단 이후 70년이 지났고, 이미 우리에게 분단이라는 상황은 공기처럼 너무도 당연하기만 합니다. '후천성 분단인식 결핍증'[1]이라는 말이 나올 정도로, 많은 사람들이 한반도가 분단되었다는 사실을 까맣게 잊은 채 살아가고 있습니다.

필자 또한 북한학을 공부하기 전까지 분단에 대해 생각할 일이 거의 없었습니다. 이는 어찌 보면 당연합니다. 일단 12년간의 정규교육과정 속에서 이러한 문제를 다루는 일 자체가 매우 드뭅니다. 사회 · 도덕 교과서 맨 뒷부분에 소심하게 자리 잡고 있는 북한 · 통일 관련 단원은 학기말쯤 돼서야 선생님이 "이 단원은 그냥 건너뛴다."고 말씀하실 때 잠깐 들춰보는 정도로 끝나곤 했습니다. 누구도 거기에 대해 이의를 제기하거나 특별한 관심을 갖지도 않았습니다. 아침에 자고 일어나 거울을 보며 문득 "그래. 우리는 분단국가야."라고 생각하지는 않는 것처럼, 분단 현실에 대해서 일상적으로 생각하거나 관련 소재를 접할 일은 거의 없는 것이 사실입니다. 미디어에서 흘러나오는 북한 관련 뉴스를 볼 때가 거의 유일한 기회인데, 그나마도 자극적인 소재가 눈길을 끌 뿐이지 '먼 나라 이야기'처럼 여기고 이내 고개를 돌리곤 합니

1 백낙청 서울대 명예교수 교수가 처음 제시한 개념. 그는 "분단현실에 대한 성찰의 부족이 분단체제를 존속시키는 힘으로 작용한다."고 지적했다. 『어디가 중도이며 어째서 변혁인가』 제13장. pp.271~272.

다. 모두가 '후천성 분단인식 결핍증'에 걸려 있을 수밖에 없는 현실인 것입니다.

분단 현실을 뼈저리게 느낄 수 있었던 개인적인 경험을 하나 소개하고자 합니다. 2011년 판문점 공동경비구역(JSA)으로 견학을 갔을 때의 일이었습니다. 평상시에는 판문각 앞에서 남쪽을 지켜보는 북한군 1명만 멀리서 볼 수 있는데, 이 날은 북쪽에서도 관광객이 왔던 탓에 북한군 3명이 남북 경계선 앞까지 나와서 지키고 있었습니다. 사진 정면에 보이는 왼쪽 하늘색 건물(T2, 군사정전위원회 본회의실) 내부에 들어가니 창문 너머로 바로 북한 군인이 서 있는 모습이 보였습니다. 실제 북한 사람을 코앞에서 보는 것이 처음이라 신기하기도 했고, 무엇보다도 '반가운 마음'이 들었습니다.

그 순간, 묘한 호기심이 발동했던 저는 갑자기 북한 군인에게 인사를 하고 싶다는 생각이 들었습니다. 북한 군인과 눈이 마주친 찰나의 순간을 틈타 웃으며 고개를 위아래로 살짝 끄덕였습니다. 잠시 후 군인의 표정이 아주 미묘하게 밝아지면서 저 혼자만 알아챌 수 있을만한 미세한 고갯짓으로 반응해주었습니다. 북한 사람과 눈짓으로나마 작은 교감을 주고받았다는 사실에 떨리고 두근거렸습니다. 한편으로는 군사적 긴장이 넘치는 판문점에서 북한 군인과 인사를 나누었다는 것에 심장이 오그라드는 기분이었습니다. 그런데 잠시 후 우리 쪽 군인이 제게 다가와 "이러시면 안 됩니다."라고 강력하게 제지를 했습니다. "희롱하는 줄 알고 북한군이 총을 쏠 수도 있습니다."라는 그의 말을 듣고 저는 다시 한 번 가슴이 철렁했습니다. 그 순간 '우리나라는 분단국가구나, 이곳은 남과 북의 민간인과 군인이 눈인사를 하는 것조차 위험한 군사지대구나.'라고 생각했습니다.

판문점에서의 경험은 저에게 '후천성 분단인식 결핍증'을 치료할 수 있었던 중요한 계기가 되었습니다. 분단체제 하에서는 우리가 알고 있는 인간 사이의 기본적인 상식이나 정상적인 기준이 통하지 않는 경우가 많다는 것을 깨달았습니다. 분단이라는 구조가 양산해내는 비정상적인 상황에 대해 비로소 뼈저리게 인식하게 된 것입니다. 이는 반드시 군사적인 공간에만 국한되는 것이 아니라 '분단 공간'인 한반도 전체에 해당되는 이야기입니다. 분단되어 있는 한 우리는 북한이라는 존재에 민감하게 반응하는 사회적 분위기에서 벗어날 수 없고, 종종 단순한 호기심이나 합리적 의심조차 체제에 대한 위협으로 간주되는 상황에서 개개인의 행동과 자유는 심각한 제약을 받을 수밖에 없습니다. 이처럼 분단은 눈에 보이지 않는 괴물처럼, 정치체제나 지리적 차원을 넘어서 사회 · 문화적인 행동양식까지 모두 지배하고 있습니다.

분단의 속살을 알아보자

흔히 분단을 생각할 때 남북한 국가 및 정치 체제 차원의 분단만을 생각하기 쉽습니다. 그러나 분단을 제대로 이해하기 위해서는 여러 차원에 걸쳐서 단계적으로 형성된 분단의 면면을 하나하나 살펴봐야 합니다.

한반도의 분단은 지리적 · 정치적 · 민족적 차원[2]을 거쳐 사회 · 문화적 차원으로까지 확대되었습니다. 가장 먼저 1945년 외세로 인한 국토의 분절, 지리적 분단이 이뤄졌습니다. 일제로부터 해방을 맞이한 후 미국과 소련에 의한 분할점령이 이뤄졌고, 이때 남북은 38도선을 기준으로 나뉘게 됩니다. 2차적으로 1948년 남과 북이 각각의 단독 정권을 성립하면서 정치적 분단이 이뤄졌습니다. 한반도 분단이 '국제형'인 동시에 '내쟁형(內爭型)'이라고 평가되는 이유입니다.[3] 3차적 분단은 1950년 한국전쟁이라는 동족상잔의 비극을 겪은 후 이뤄진 민족적 차원의 분단입니다. 남과 북은 전쟁으로 인해 적대적 불신구조를 형성하게 되었습니다. 이후 정전체제하에서 사회 · 문화적 분단은 더욱 심화되었고, 이에 따라 분단은 장기화 · 고착화됩니다.

시기	차원	내용
1945년	지리적 차원	미국 · 소련의 한반도 분할점령
1948년	정치적 차원	남 · 북한 단독 정권 수립
1950년	민족적 차원	한국전쟁 발발과 분단의 전면화
1953년 이후	사회 · 문화적 차원	정전협정 이후 분단의 장기화 · 고착화

2 이상우, 『함께 사는 통일』, 나남, 1993, pp.361~362.
3 김학준, 『한국전쟁』, 박영사, 1997, p.6.

통일의 필요성

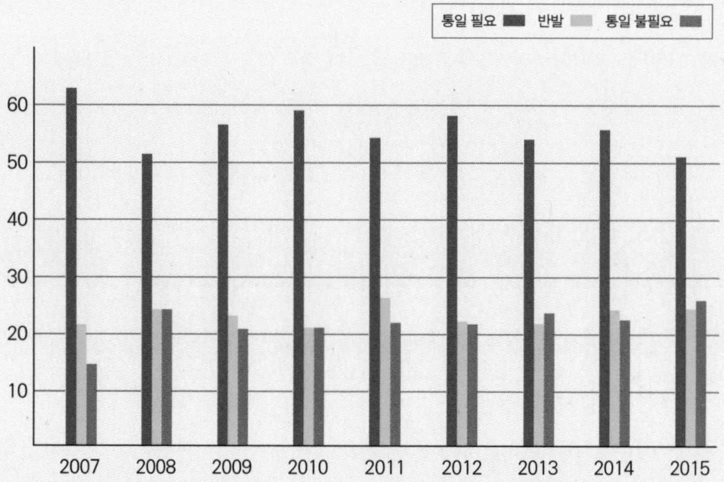

출처: 2015 통일의식조사 자료집, 서울대 통일평화연구원

designed by freepik.com

이처럼 분단은 여러 차원에서 다층적으로 쌓이면서 유지 · 지속되었습니다. 통일이 어려운 이유는 이같이 복합적으로 이루어진 분단 구조를 낱낱이 해체하고 이를 넘어서는 것이 쉽지 않기 때문이 아닐까 싶습니다.

통일의 다른 말, '탈분단'

통일은 젊은 세대에게 점점 더 무관심의 영역으로 전락하고 있습니다. 서울대 통일평화연구원이 실시한 통일의식조사에 따르면 "통일이 필요하다."는 응답은 매년 줄어들고 있습니다. '통일대박론'은 곳곳에서 나부끼는데, 정작 사람들의 통일에 대한 인식 수준은 시간이 지날수록 나빠지고 있는 것이 현실입니다.

왜 이런 현상이 발생할까요? 젊은 세대가 공감할 수 있는 통일 논리나 철학이 부재하기 때문입니다. 대표적으로, 과거 횡행하던 '민족통일론'은 시간이 지나면서 퇴색하고 있습니다. 같은 조사에서 '통일을 해야 하는 이유'에 대해서 "같은 민족이니까."라고 응답한 비율은 2007년 50.6%에서 2015년 40.7%로 8년 새 10%가량 떨어진 것으로 나타났습니다. 이처럼 혈연적 민족주의를 근거로 한 통일 논리는 더 이상 절대적인 설득력을 갖지 못합니다.

통일만 하면 무조건 좋다는 '통일 지상주의'의 시대는 지나갔습니다. 대신 '어떤 통일인가'의 문제가 무엇보다도 중요해졌습니다. 과거 무조건적인 당위성을 전제하던 통일의 개념을 넘어, '탈

(脫)분단으로서의 통일'이 필요한 이유입니다. 탈분단은 좁은 의미의 이데올로기적 · 민족주의적 규정을 넘어, 분단의 구조적 문제를 극복하는 총체적인 운동으로 연결되는 '매개적 언어'로 작용합니다.[4] 이 같은 탈분단 담론은 기존의 지배적 통일담론에 대한 비판적 반성으로부터 출발해, 기존의 냉전 이데올로기적 사고로부터 벗어난 새로운 통일담론을 도입하고자 하는 차원에서 지속적으로 논의되어왔습니다.

하룻밤 사이에 도둑처럼 찾아와 눈 깜짝할 사이에 대박을 가져다주는 식의 통일은 많은 위험성을 내포하고 있습니다. 서로 다른 것을 '하나로(一) 통하게(通)' 하는 데에만 집중해 흡수 지향적 · 폭력적인 방식의 통일이 될 수 있기 때문입니다. 이제는 분단이라는 구조를 서서히 해소해 나가는 '과정으로서의 통일'을 지향해야 합니다. 앞으로 펼쳐질 장에서는 분단이 전개되어온 과정과 그로 인해 만들어진 사회적 장벽, 그리고 이에 대한 평화적 해결 등에 대해 살펴볼 예정입니다. 자, 그러면 이제 우리 탈분단의 길목에 한 발짝 더 들어가 볼까요?

---

4 권혁범, 『[포커스/탈권력의 통일 담론]통일에서 탈분단으로: '민족 동질성 회복'론 및 '민족 번영'론에 대한 비판적 성찰』, 당대비평, 2000, pp.154~180.

2

★

분단 모순 극복으로서의 통일

1950년 6월 25일 새벽 4시……

여러분은 지금까지 '통일'이란 단어를 많이 접해보셨을 겁니다. '통일'이란 단어가 어떻게 다가오나요? 앞서 읽었던 노동, 인권, 대학생활 등에 비해선 통일은 상대적으로 막연하게 다가오지는 않는지요? 그만큼 통일에 대한 생각은 다양해졌습니다. 통일하자는 의견에서부터 자연스럽게 싸우지 않고 그냥 이대로 살자는 생각조차 말입니다. 그러나 이렇게 '통일'에 대한 생각이 다양해진 것이 그리 오래된 일이 아니란 사실, 알고 계셨습니까?

1987년 6월 항쟁과 민주화 이전에는 '통일'에 대한 대답은 하나였습니다. 바로 민족 동질성 회복을 위해선 반드시 통일해야 한다는 것이죠. 그리고 꼭 덧붙이는 말이 바로 '잃어버린 산하'였습니다. 왜? 통일이면 통일이지 꼭 '1+1'처럼 '잃어버린 산하'란 말이 덧붙여졌을까요? 바로 북한이 통일을 가로막는 반민족적 존재라고 해마다 6월이 되면 학교와 방송에서 반복적으로 나왔기 때문이죠.

그 시작은 언제나 "1950년 6월 25일 새벽 4시, 당시 농번기에 농촌 일손을 돕기 위해 군 장병 대다수가 휴가 중인 그 새벽, 북한 인민군이 기습 남침을 감행하였다……."로 시작합니다. 그런데 갑자기 왜 '통일' 이야기에 '한국전쟁'이 나온 것일까요? 그것은 바로 통일이 안 되는 이유가 38선 이북 지역을 공산화시키고 남한까지 남침야욕을 보인 북한 때문이라고 설명합니다. 바로 민족에 씻을 수 없는 죄를 지은 김일성과 공산당 무리가 분단의 원흉이죠. 그래서 통일은 갈라진 민족적 동질성을 회복하는 동시에 이를 가로막는 북한 정권에게서 잃어버린 산하와 주민들을 구하는 시대적 사명이라고 배워왔습니다.

이렇듯 과거 통일은 일방적이며, 당위성이 강한 하나의 담론만이 존재했었습니다. 다른 생각을 할 수 없었던 시대였죠. 반공이 곧 통일로 가는 지름길이라고 배웠기 때문에 이 당시 통일은 긴 설명이 필요하지 않았습니다. 그저 북한에 대한 적개심을 일으키고, 북한의 잃어버린 아름다운 금강산 등을 보여주면 그걸로 충분했었습니다. 철저히 분단구조 속에서 묶인 통일 이야기였습니다. 그러나 이러한 통일논의에 큰 전환을 가져온 남한 최대의 사건이 발생합니다. 바로 1987년 6월 민주항쟁이었습니다. 이 선언은 그동안 '반공'에 억눌린 시민들의 통일에 대한 감성을 폭발시킨 계기가 되었습니다. 그래서 1960년 4 · 19혁명 이후로 가장 적극적인 통일논의가 전개되었습니다.

'반공'에서 '평화안보'통일로

1987년 6월 민주항쟁은 남한역사에 대전환을 가져옵니다. 가시적으로는 오랜 군부독재가 청산되고 진정한 민주주의가 실현되었습니다. 그리고 무엇보다 1980, 1984년 모스크바와 LA 올림픽이 각각 공산과 자유진영으로 나누어 진행된 아픔을 극복하고 8년 만에 동서진영이 함께 올림픽을 치르는 서울올림픽이 1988년 개최됨에 따라 과거엔 상상할 수 없던 새로운 세상이 열렸습니다. 이런 흐름 속에서 민주화 이후 촉발된 국민의 통일 열기를 누를 수만 없었던 노태우 정권은 1988년 7월 7일, '7 · 7선언'을 통해 남북관계 개선 의지를 공표합니다.[5]

5 "노태우 정부는 지나치게 조직화, 좌경화되는 통일운동을 경계하면서도 시민사회 내에서 커져가는 통일운동의 열기를 수용하여 정부가 남북관계 개선에 주도적 역할을 하겠다고 판단하였다." 신정현, 「노태우 · 김대중 정부의 대북정책 비교: 국제환경 · 국내정치 · 정책결정자 요인을 중심으로」, 북한대학원대학교 석사학위논문. 2014. p. 24. 당시 민주화 이후 한국사회에서는 독재정권에 억압된 사회 문제들이 새롭게 재조명되고 있었다. 이런 흐름에서 통일 문제도 시민사회에서 활발하게 논의되었다. 이는 불과 2년 전인 1986년 전 신민당 소속 유성환 의원의 '국시 파동'을 상기하면 기념비적인 변화였다. '국시 파동'에 관한 내용은 다음을 참조. 유성환 신민의원 체포영장. 경

따라서 이후 활발한 통일논의 속에서 '우리의 소원은 통일'이란 노래와 함께 민족주의 관점에서의 통일의 염원이 계속해서 터져 나왔습니다. 당시 세계사적으로 구소련이 해체되고, 특히 분단국가인 서독과 동독이 통일을 이루면서 한반도에도 자연스럽게 통일에 대한 염원이 고조되었죠. 특히 1991년 남북기본합의서가 체결됨에 따라 남북은 지난날 대립의 시대에서 화해 · 협력의 시대로 전환하는 계기를 마련하였습니다. 이에 따라 기존의 반공교육은 '통일안보'교육으로 전환되었습니다. 반공 포스터를 그리던 초등학생들이 하루아침에 '우리의 소원은 통일'을 그리는 일이 실제로 발생한 것입니다.

하지만 민간의 통일에 대한 염원은 늘 외부적인 정치적인 또는 국제적인 환경에 따라 변화하였습니다. 이에 따라 1992년 '1차 북핵위기'와 1994년 '연변 핵시설 선제타격'과 '서울 불바다'론, 그리고 카터의 중재로 남북정상회담이 일어나기 불과 며칠 전에 발생한 김일성 사망과 이후 북한의 최악의 비상사태였던 '고난의 행군'이 발생하였습니다. 이에 따라 남북관계도 경색되고 통일에 대한 열기도 식어간 채, 흡수통일론까지 등장하기도 했습니다. 그리고 국민의 통일열기도 수그러집니다.

향신문, 1986. 10. 15.

경제적 이익에서의 '통일대박'론까지

경색된 남북관계는 1998년 평화적인 정권교체로 등장한 김대중 정권의 대북포용정책으로 1998년 금강산관광, 그리고 2000년 남북정상회담과 6 · 15 남북공동성명, 2004년 개성공단 운행 시작 등의 남북교류협력 정책이 펼쳐짐에 따라 다시 북한과 통일에 대한 관심도 높아지게 됩니다.

그리고 그동안 시대는 많이 바뀌었습니다. 서울올림픽 전만 해도 시민들은 쉽게 해외로 여행을 갈 수 없었습니다. 그러나 해외여행 자유화 조치가 이 시기 발효됨에 따라 본격적인 이른바 '배낭여행' 등의 해외여행 열풍을 타면서 많은 이들이 외국을 여행하게 되었습니다. 따라서 민족적인 관점과 생각은 점차 줄어들고 세계화의 열기 속에서 북한을 '같은 민족'이 아닌 '다른 국가'로 인식하는 이들이 조금씩 생겨나기 시작했습니다.

따라서 남북교류가 다시 활성화되던 2000년대에는 더는 민족동질성에 기초한 통일논의를 펼쳐갈 수 없었습니다. 이때 등장했던 것이 바로 '경제적 관점'이었습니다. 즉 '통일대박'론이 이미 이때부터 시작된 것입니다. 이는 통일 담론을 보다 우리 일상에 가까운 영역으로 끌어내림으로써 저변을 확대했다는 점에서는 긍정적입니다. 그러나 반면 북한과 통일을 바라보는 시각을 지나치게 '경제적 이익'에만 국한함으로써 사회통합에 대한 갈등요소를 고려하지 않았고, 또한 후일 이 문제를 다시 수정하는 과정에서 오히려 '통일비용' 논란을 가중함으로 국민의 통일인식을 후퇴시키는 부작용도 발생하였습니다.

이념과 경제를 넘어 분단모순의 해소로의 통일

앞서 보셨던 통일논의들은 대부분 당대의 남북관계현상과 맞물려 진행된 공통된 특징이 있습니다. 1987년 민주화 이전에는 압도적으로 냉전 논리 속에서 남북관계가 다루어졌기 때문에 '반공' 이외에는 그 어떤 논리도 통용될 수 없었습니다. 그리고 민주화 이후의 '평화와 민족 동질성 회복' 그리고 2000년대의 '경제적 이득에서의 통일대박'은 남북관계가 활성화되었을 때 논의되던 내용입니다.

이러한 현상은 근본적으로 하나의 암묵적인 논리에서 파생되었습니다. 즉 '통일은 곧 이루어진다.'는 논리입니다. 특히 냉전이 종식되고 북한의 '고난의 행군'으로 탈북자가 대량으로 발생했을 때 '흡수통일'론이 등장할 정도로 통일은 이른 시일 내에 이루어질 것으로 생각했었습니다. 그리고 남북관계가 좋았을 때도 남한의 국력이 월등히 북한보다 높기 때문에 문화적으로 남한에 대한 동경이 북한 내부의 변화를 촉발할 거라 사실상 믿었습니다. 하지만 북한은 예상을 깨고 지금까지 3대 세습을 하면서 잘 버티었고, 남북관계가 2008년 이후 다시 경색되면서 통일에 염증을 느끼는 일부 국민도 생겨났습니다. 아예 이대로 평화롭게만 살자는 생각이 나올 정도로요.

따라서 앞으로의 통일논의는 위에 언급한 한계를 넘어 보다 실질적이고 우리 일상에 체감되는 통일논의가 되어야 합니다. 따라서 기존 통일논의의 한계였던 남북관계현상에 따른 통일논의도 전환되어야 합니다. 남북관계의 특수성을 고려하면 근본적으로 남북관계가 통일을 지향하는 과도기적인 인식이 필요합니다. 다시 말해 분단모순을 위한 통일로의 전환입니다.

상식적으로 생각하면 지금의 남북관계는 매우 비정상적인 관계입니다. 우선 전쟁의 종식선언도 없이 완전한 분리도 그렇다고 완전한 화합도 없이 경색과 협력이 번갈아 발생하는 것 자체가 비정상입니다. 또한, 북한은 여전히 한국전쟁을 일으켜 동족상잔의 비극을 일으킨 '주적'이면서도 동시에 함께 살아가야 할 통일 이후의 '파트너'라는 이중적인 모순이 존재합니다. 따라서 북한을 '주적'과 '협력' 둘 중 하나만 강조하는 그 순간 '반공수구세력'과 '빨갱이'로 낙인찍히기에 십상이죠. 그렇다 보니 우리는 북한을 '주적'이면서 동시에 '통일' 대상으로 모호하게 인식하고 있습니다.

그리고 무엇보다 분단은 남한사회의 발전을 심각하게 저해하는 주 원흉이란 사실입니다. 멀리 갈 것도 없이 최근 발생한 '세월호 사건'을 보아도 이 문제의 심각성을 볼 수 있습니다. 세월호 사건의 원인 규명에 대한 시민사회의 지속적인 요구에 현 정부와 일부 보수 세력들은 이러한 논의를 '종북'논리로 비화시켰습니다.

즉 국정혼란을 일으키고 사회통합을 저해한다는 이유였죠. 그리고 이러한 논리는 그들이 남한사회의 혼란을 저해하는 종북 세력이 아닌 이상 결코 있을 수 없다는 황당한 논리를 펼칩니다. 결국, 이같이 남한의 다양한 사회현상에서도 북한과 연계성이 발생하면 합리적인 판단은 무력화되고 상호 간의 끊임없는 대립만 남게 됩니다.

따라서 남한사회의 갈등을 해소하기 위해서라도 분단은 극복되어야 합니다. 상식과 합리적인 의사 표현의 보장과 다양한 생각들이 존중되는 사회로 발전되기 위해서 우리는 반드시 이를 저해하는 분단모순을 해소해야 합니다. 다시 말해 분단모순의 극복이 통일의 당위성이 되는 것입니다. 이는 남북관계의 부침에 영향을 받지 않고 지속적인 논의를 가능하게 합니다. 또한, 통일 이후에는 남북주민 간의 사회통합에서의 실제적인 문제들을 고민하는 새로운 통일논의를 생산시키는 시작점이 될 것입니다. 분단모순을 넘어 현재 남한사회의 다양한 사회문제를 해소하는 하나의 대안으로써, 그리고 무엇보다 같은 민족이자 지구촌 일원으로써 남북주민 모두에게 혜택이 돌아가는 통일. 지금 우리에겐 이러한 통일논의가 필요합니다.

3

★

이게 우리가 싸워야 할 일이 아니야!

보이지 않는 곳에서의 또 다른 전쟁

전쟁을 다룬 영화 중에 흥행에 성공한 것들이 꽤 있습니다. 〈태극기 휘날리며〉, 〈고지전〉, 〈포화속으로〉와 같은 한국영화나 〈라이언 일병 구하기〉, 〈진주만〉 등의 할리우드의 대작들까지 전투를 승리로 이끄는 영웅의 모습이나, 이와는 조금 상반된 전쟁의 참혹함은 많은 사람들의 마음을 움직이기에 충분했지요. 그럼 혹시 〈귀향〉, 〈거미의 땅〉, 〈그리고 싶은 것〉이라는 영화를 아시나요? 어쩌면 아는 분들이 있을 수 있지만 아마 많은 분들은 처음 들어보는 이름일 것입니다. 앞서 이야기 한 영화들은 모두 '여성'이 중심이 된 전쟁과 그 후를 다룬 영화입니다. 〈태극기 휘날리며〉 같이 막대한 예산을 투자받지도 못했고 많은 관객을 동원하지는 못했지만 전쟁의 역사 속에 '여성'도 존재했다는 것을 분명하게 나타내는 부분입니다. 영화에서도 단순하게 알 수 있듯이 그동안 여성과 전쟁에 대한 논의는 충분하지 않았습니다. 따라서 앞으로 전쟁과 여성 그리고 전쟁 이후 분단체제를 살아가는 여성의 모습은 어떠한지 살펴보고 우리 사회에 깊게 녹아 있는 관련 문제들을 논의해보려 합니다.

전쟁에서 여성은 주로 보이지 않는 곳에 존재합니다. 특히 민간이 아닌 전투구역에선 그런 경향이 심해집니다. 어쩌면 여성이 보이지 않는 곳에 존재한다기보다는 보이면 안 되는 곳에서 숨을 쉬어왔던 것일 수도 있습니다. 한국전쟁 당시 대한민국 정부는 정규군 이외 비정규군을 편성했는데, 그중에는 '한국군 위안소'도 포함되어 있습니다. 1951년 여름에 설치되어 1954년 3월에 해산된 한국군 위안소는 서울, 강릉, 춘천, 원주 등에서 정부가 직접 운영했고, 그 기록은 1956년 육군본부가 편찬한 『후방전사』에 남아 있습니다. 『후방전사』에는 '고정식 위안소-특수위안대'라고 적힌 부분이 존재하고, 여기에는 4곳에서 89명의 위안부가 1952년 한해에만 20만 4,560회의 위안활동을 했다는 통계자료가 첨부돼 있었습니다.[6] 국군이 공식적으로 운용한 위안부 외에도 강

6 "한국전쟁중 한국군 위안부 제도". 2002. 2. 24. 고승일 특파원. 아사히신문.

간, 성고문, 강제결혼 및 납치 등 수없이 많은 성폭력이 발생했습니다. 전쟁 당시 여성의 삶을 주제로 한 연구가 진행되면서 관련한 증언 역시 활발히 수집되었는데요, 국군과 인민군 양측이 모두 가해자였다는 것은 증언을 통해 일관되게 확인할 수 있습니다.

> (전라남도) ○○면 ○○부락이란 데가 있어. 그 면은 우리가 활동하던 지댄데, 거기 있는 큰 동네가 거의 백여 호 가까이 사는데, 그 처녀들이 적어도 한 삼십 명 가까이 있었던 모양이여. 근데 처녀들이 산에 다 입산을 했거든. 처녀들 젊은 여자들이 전부 우리 활동대원이기 땜에, 끌어다가 집단으로 방에다 넣어놓고 한단 말여. 처녀들, 여자들을 강간을 다 했어.[7]

> 남편과 생이별한 설움보다 더 무서운 것이 기다리고 있었다. 밤마다 국방군(국군)들이 젊은 여성들을 겁탈하고 돌아다닌다는 소문이 이웃 마을에서부터 돌았다. 그들은 낮이면 공비 소탕 작전입네, 뭐네 하면서 동네를 이 잡듯 샅샅이 뒤지며 돌아다녔다. 논산 마을은 말할 것도 없고 군부대 인근 마을의 처녀뿐만 아니라 과부들도 군인들에게 겁탈당했다. 특히 과부집은 남편이 월북한 빨갱이 가족이니 철저히 조사해야 한다는 핑계로 무사출입이었다. (…) 어떤 처녀는 3번

7 김귀옥. 2012. "한국전쟁기 한국군에 의한 성폭력의 유형과 함의". 「연구논문2012 구술사연구 제3권」.

이상 겁탈을 당하고는 결국 마을을 떠나고 말았다 (…)[8]

이러한 강간 외에도 적진에게 가해지는 성고문, 여성성 혹은 모성을 짓밟는 행위(직접 자신의 아이를 죽이게 한다거나 임신한 여성을 죽이는 등의 행위) 그리고 강제결혼 등 다양한 유형의 성폭력이 만연했습니다. 특히 제주 4 · 3사건과 같은 경우가 대표적인데, 서북청년단은 강간협의 이외에도 강간 가해자가 피해자에게 결혼을 강제해 육지로 데려오는 등의 행위를 저질렀다는 이야기가 꾸준히 진술되고 있습니다.[9]

전쟁에서 나타나는 민간인 학살에 대한 유형은 굉장히 다양합니다. 총살, 생매장, 수장 등 광범위한 유형에 걸쳐 학살이 나타나는데 앞서 결코 적지 않게 발생한 성폭력을 어떻게 규정지을 것인가에 대한 논의는 분명하지 않습니다. 전시 성폭력은 인간의 본능에 의해 나타난 것이 아닌 국가폭력의 한 유형이라는 주장이 있습니다. 이것이 단순히 가해자가 가지고 있던 적개심과 복수심을 풀기 위해서 자행된 것이라면 기존에 있던 학살방식을 통해 이를 해소할 수 있었을 텐데 가해자가 '성폭력을 선택'한 의미는 무엇인지 고민해볼 필요가 있다는 것입니다.[10] 다시 말해 대상

8 김귀옥. 2012. "한국전쟁기 한국군에 의한 성폭력의 유형과 함의". 「연구논문2012 구술사연구 제3권」.

9 조성봉. 1996. 〈레드 헌트〉.

10 김귀옥. 2012. "한국전쟁기 한국군에 의한 성폭력의 유형과 함의". 「연구논문2012 구

이 주로 여성일 때 특화된 폭력의 유형 또한 피해대상에게 가장 큰 모욕과 굴욕감을 줄 수 있는 유형으로서 성폭력이 발생하고, 이는 해당 피해자뿐만 아니라 피해자가 속한 집단(가부장적 측면에서 여성을 자신들이 소유하고 있다고 믿는 남성 집단)에게까지 굴욕감을 주는 효과를 나타낼 수 있어 기존의 다른 학살방식과 비교했을 때 분명 차이를 보인다는 것입니다.

여성에 대한 성폭력은 전쟁이 끝난 후에도 계속되었는데, 일명 '기지촌'이라고 불리는 미군부대 내의 성매매 업소가 대표적인 사례입니다. 특히 박정희 정권은 1961년 윤락행위방지법을 제정한 것과는 모순되게 이듬해 6월 성매매를 사실상 허용하는 특정지구를 전국 104개소에 설치했습니다. 이 특수 지구는 상당수가 미군기지 인근이었는데,[11] 2003년 MBC 다큐멘터리 〈이제는 말할 수 있다-'섹스동맹-기지촌 정화운동'〉을 통해 이슈화되었듯이 쿠데타로 미국의 눈치를 보고 있던 박정희 정부가 자국의 여성들의 성을 이용해 미국의 입맛을 맞추려 했다는 주장이 제기되기도 했습니다.

미군부대 내의 성매매 업소는 법을 초월하는 것은 물론 일본군 위안소와 다를 것 없는 장소였습니다. 당시 인신매매를 당하거나 식모살이를 시켜주겠다는 꾐에 속아 기지촌 생활을 한 여성들의

술사연구 제3권」.

11 "조국 경제 발전에 기여한 소녀들의 충정은…". 2014. 7. 4. 한겨레.

증언이 꾸준히 나오고 있으며, 당시 대한민국 정부가 기지촌 운영의 주체였다는 증거 역시 다분합니다.[12] 일각에선 일본군 위안부와 기지촌 여성들을 동일시하는 것에 대한 불편함을 말합니다. 식민지 체제하에서 강제로 끌려 간 것과 흔히 말하는 '직업여성'으로 자원해 성매매를 한 것은 분명 다른 이야기라는 주장입니다. 그러나 일본군 위안부와 기지촌 여성은 '군인의 성욕을 위해 여성이 이용된다.'라는 근본적이고 가장 중요한 문제점을 안고 있습니다.

또한 여성의 성매매에 대해 '자발적'이라는 표현을 쓰는 것은 어렵습니다. 만약 이들이 정말 자발적으로 그 일을 선택했다면 자발적으로 나갈 수 있어야 하는데 당시 성산업의 착취구조는 결코 빠져나갈 수 있는 공간이 아니었습니다.[13] 정부의 주도로 이루어졌던 성병관리와 여기서 낙오된 이들에게 부과되는 막대한 벌금, 벌금을 감당하지 못하고 쫓겨난 이들에게 가해진 미군의 무차별적 폭력[14]뿐만 아니라 인신매매를 통해 기지촌을 들어가 도망쳐 나왔지만 도움을 청한 경찰의 손에 의해 다시 그곳으로 끌려갔다는 증언[15] 역시 존재할 정도로 당시의 기지촌 여성의 인권은

12 "인신매매 당한 뒤 매일 밤 울면서 미군을 받았다". 2014. 7. 5. 허핑턴포스트.

13 "침묵도 공범" 기지촌의 진실 밝혀야. 2015. 7. 6. 여성주의 저널 일다.

14 "평택 미군기지 이전과 여성인권". 새움터. 2006. 월간 복지동향. 참여연대사회복지위원회.

15 '미국 위안부'를 아십니까?. 2014. 9. 15. 여성신문 온라인 뉴스팀.

국가에 의해 무차별적으로 짓밟혀졌습니다.

당신의 2년을 가져간 것은 여성이 아니다

앞에서 확인한 것과 같이 모두가 폭력에 노출된 전쟁 상황에서도 여성은 분명 단순한 학살의 대상이 아닌 위안부, 성폭력 피해자 등 여성성을 강요받고 또한 위협받는 위치에 놓여 있었습니다. 그렇다면 현재 우리가 살고 있는 분단체제에서는 어떨까요? 성평등 의식이 확산됨에 따라 지금은 '기지촌 여성'과 같이 특정 대상들만 분단으로 인해 불합리한 처우를 겪고 있다고 생각하는 사람들이 많을 수 있는데요, 그러나 분명 분단체제 안에는 '여성'이기 때문에 가해지는 차별이 존재합니다. 최근 매스컴에서 화제가 되고 있는 '여성혐오' 문제가 이러한 모습을 잘 나타내고 있습니다. 인터넷에서 유행처럼 번졌던 여성혐오 문제는 MBC 〈PD수첩〉에서 다룰 정도로 만연하고 심각한 수준입니다.

2015년 8월 4일, 〈PD수첩〉은 "그 남자, 왜 그녀에게 등을 돌렸나"라는 제목으로 남성이 왜 여성을 혐오하는지에 대해 다뤘는데, 그 내용을 면밀히 살펴보면 대한민국의 대표 교양프로그램마저 분단으로 인해 얼마나 그릇된 의식을 가지고 있는가를 알 수 있습니다. 그들의 핵심 논지는 주로 징병제와 관련된 것이었습니다. 현재 20~30대 남성들의 경우 자라온 사회 분위기는 남아선호사상이 사라진지 오래되었고, 남성이 여성보다 특별히 더 우대받는 경우가 없는데 성인이 된 후 남성만 군대라는 짐을 짊어지게 된 것에 대해 상대적 박탈감을 느낀다는 것입니다. 또한 더 이상 여성이라는 이미지가 보호의 대상이나 어머니, 딸과 같은 모습이 아니고 동등한 경쟁상대임에도 불구하고 여성만 병역의 의무가 없다는 것은 혐오의 이유가 될 수 있다는 것이 그들의 주장이었습니다.

얼핏 들으면 굉장히 논리적인 것처럼 보입니다. "군대에 꼭 극한의 물리력을 요하는 일만 있는 것이 아닌데 왜 여자는 군대에 가지 않지? 차별이야." 그런데 곰곰이 생각해보면 무엇인가 이상한 것을 느낄 수 있습니다. 징병의 문제가 정말 남녀가 싸워야 할 문제인 걸까요? 병역의 의무를 여성이 부과한 것이 아님에도 불구하고 남성이 여성을 혐오하는 원인을 왜 군대에서 찾는 것일까요? 언제부터 우리는 군대에 가는 것을 너무나도 당연하게 생각하게 된 걸까요? 분단이라는 긴장상황은 이렇듯 아무런 의심 없이 군대 혹은 징병제를 받아들이게 만드는 것과 동시에 군사정권 시절부터 우리 사회에 뿌리 깊게 박혀 있는 군사주의문화를 공고히 하는 역할을 합니다. 군대나 징병을 절대시하는 문화가 없었다면 "남자만 겪는 것이 억울하다, 여자도 보내라."는 주장이 아닌 "개인의 의사와 반하게 징집하는 것은 부당하다, 징병제를 폐지하라."는 논의가 먼저 진행되지 않았을까요?

또한 그들이 다룬 문제는 여성의 권리가 지켜지지 않는 이유 혹은 여성이 차별받는 이유가 아닌 여성'혐오'입니다. 맹목적으로 대상을 싫어하는 것, 다시 말해 특정한 인물에 대한 비판이나 문제제기가 아닌 '여성'이란 이유로 싫어하는 문제입니다. 혐오의 문제도 분단과 일정부분 연관되어 있습니다. 분단은 우리로 하여금 끊임없이 '적군'을 만들도록 유도합니다. 대한민국의 주적인 '북한'부터 시작해서 북한과 연관되어 있는 것들, 사회주의 세력, 노동자 계급, 더 넓혀서 반정부세력으로 대표되는 군사정권 당시의 민주화세력까지 혐오의 대상은 계속해서 변화해왔습니다. 이러한 변화는 자기 자신을 정당화하고 싶은 욕망에서 비롯되는데, 앞서 언급한 민주화세력과 같은 경우도 군사독재를 정당화하기 위한 방편으로 그들을 혐오의 대상으로 둔갑시켜버리는 방식을 취한 것이라고 볼 수 있습니다. 여성혐오도 다르지 않습니다. 여성혐오를 자행하는 일각에서 무의미하게 느껴지는 자신의 2년을 정당화하기 위해 군대라는 공간을 절대화 혹은 신격화하는 행위를 감행하고 본인보다 사회적 약자의 위치에 있는 여성을 혐오함으로서 우월의식을 갖는 방식을 취하는 것입니다.

물론 분단이라는 문제는 내일 당장 해결되는 것이 아니고 그렇기에 남성에게만 부여된 병역의 의무에 대한 보상은 필요합니다. 그렇지만 제대군인에 대한 보장은 징집의 주체인 국가를 통해 이루어져야 하는 것이지 여성이 책임져야 할 문제가 아닙니다. 남성이 여성에게 제기해야 할 문제지점이나 여성들이 각성해야 하는 부분이 있다면 그것은 "징집의 문제는 남성만의 문제도, 책임도 아닌데 이를 해결하기 위해서 남성만 움직여야 하는 것은 부당하다, 함께 목소리를 내자."라는 방식이어야 할 것입니다.

남녀 모두의 징병제를 실시한다면 현재의 문제들이 해결될까요? 남녀 모두를 대상으로 하는 징병제는 여성이 징집될 수 있는 군대 내의 기반만 마련된다면 단기간으로 비춰보았을 땐 적절한 해결책이 될 수도 있습니다. 또 일각에서는 헌법에 명시되어 있는 병역의 의무가 남성에게만 해당되어 있는 것은 명백한 성차별이라고 주장도 있습니다. 과거 참정권은 보통 전쟁에 참여하는 이들에게 부과되었던 것이고 병역의 의무를 부여한다는 것은 다시 말해 국민권을 획득하는 과정인데 그 속에 여성이 배제되어 있다는 것은 부당하다는 것이지요. 즉, 여성에게도 병역의 의무가 부여되어야 한다는 것입니다.

형평성이나 여성권리 신장의 차원에서 생각해본다면 앞선 이야기들은 분명 충분히 일리가 있습니다. 그러나 징병제 문제를 단기간에 급한 불 끄듯 해결하는 것은 앞으로 나아가야 할 평화의 방향과는 많이 다를 수 있습니다. 다시 말해, 과도기적 남녀 모두를 대상으로 하는 징병제에 대한 논의는 가능하지만 그것이 절대 최선일 수 없으며 남녀 모두를 대상으로 하는 모병제로 나아가려는 노력이 성별을 뛰어넘는 차원에서 필요하다는 것입니다.

전쟁과 분단이 정해준 젠더의 벽을 넘어

일부 여성들은 "여성은 군대에 가지 않지만 출산과 육아를 책임지지 않느냐."는 식의 주장을 하고, 누군가는 여성을 책임은 지지 않고 권리만을 요구하는 '무임승차'집단으로 표현하기도 합니다.[16] 앞선 주장은 여성성을 출산과 육아에만 국한시키는 오류를 낳고, 무임승차 논지는 국방에 투여하는 막대한 예산이 복지에 쓰이지 않고 그 빈 공간을 일정부분 여성의 '가사돌봄노동'에 의지하고 있다는 것을 간과하는 입장입니다. 이러한 입장들은 남성은 힘을 쓰는 일을 해야 하고 국가를 용맹하게 지켜야 하는 존재이고 여성은 가정에서 출산과 육아에만 몰두해야 된다는 가부장적이고 편협한 성역할을 강요하는 폐해를 낳고 문제의 본질을 흐리는 결과까지 가져옵니다.

분단에서 벗어나 맞이할 평화의 시대에 우리에게 필요한 토론들은 굉장히 다양합니다. 한국전쟁 당시의 여성의 위치에 관련해 우리 편인 국군, 적군인 인민군의 잘잘못을 이야기하기보다는 '두 집단이 똑같이 저지른 여성(혹은 사회적 약자)에 대한 과오는 무엇인지', '개인의 의사에 반하는 징집은 폭력인가', '군대에 가는 것이 국민을 결정짓는 기준이 될 수 있는가', '통일 한반도에서 군대의 존재를 어떻게 바라볼 것인가' 등이 되어야 합니다. 분명 그 때가 되면 전쟁과 분단으로 인해 생겨난 그릇된 젠더관념에서 벗어나 보다 객관적인 입장 속에서 각각의 성별을 바라볼 수 있는 시각이 생겨날 것입니다.

16 "이제 국가 앞에 당당히 선 '일베의 청년들'". 2014. 9. 29. 시사IN Live.

4

★

청년 실업 '중동'보다 '남북경협'에서

"남북간 일반교역은 물론 위탁가공 교역을 위한 모든 물품의 반출과 반입을 금지할 것입니다."

2010년 5월 24일 전쟁기념관, 이명박 대통령은 천안함 사건에 따른 대북제재조치, 이른바 '5 · 24조치'를 발표했습니다. 5 · 24조치의 주요 내용은 북한선박의 남측해역 운항 전면 불허, 남북교역 중단, 방북불허, 신규투자 불허, 인도적 지원 중단입니다. 이 한 마디 말로 남북교류협력은 전면 중단되었습니다. 그렇게 시간이 흘렀습니다. MB정부에서 통일대박을 외치는 박근혜 정부로 바뀌었지만 5 · 24조치는 여전히 유효합니다. 5 · 24조치 이후 남북경협 중단으로 인한 남측의 직접적인 피해액은 89억 달러입니다. 이는 우리 돈 10조 원에 육박하는 금액입니다. 반면 북측의 피해액은 22억 달러에 불과합니다. 즉 남측의 피해가 4배 가까이 더 큰 상황입니다.[17]

2015년 1월, 통일부 · 외교부 · 국방부 · 국가보훈처 4개 부서는 2015년을 '통일 기반 준비의 해'로 만들기 위한 제안과 구상을 박근혜 대통령에게 보고했습니다. 내용은 화려했습니다. 서울-신의주, 서울-나진 간의 한반도 종단열차 시범 운행, 평화통일기반구축법 제정, 서울과 평양에 남북겨레문화원 설치, 광복 70주년 남북공동기념위원회 구성을 북한에 제안하는 등 민생 · 환경 · 문화의 3개 분야에 걸쳐 남북교류협력을 폭넓게 명시하고 있습니다. 그러나 현재까지도 남북관계 경색으로 실질적인 사업 진척 여부조차 불투명한 상황입니다 오히려 대북전단 살포와 상호비방, 목함지뢰 사건과 같은 북한의 도발 등으로 남북관계는 일촉즉발의 위기만 거듭되고 있습니다. 무엇보다 위의 사업 대부분이 북한의 협조가 없으면 말짱 도루묵이 될 수밖에 없습니다.

17 〈5.24조치로 인한 남북한 경제적 피해〉 정청래의원, 현대경제연구원, 남북경협기업비상대책위원회. 2013. 11. 1.

‘만남’마저 중단된 남북, 중국이 그 자리를 차지해

남북교류협력의 중단은 남북의 모든 ‘만남’ 자체를 중단시켰습니다. 2007년 3,613명에 이르던 이산가족 상봉은 2008년 전면 중단되었고 2009년과 2010년 일부 재개되었으나, 2010년 5 · 24조치 이후로 2011년, 2012년 연달아 성사되지 못했습니다. 박근혜 대통령은 이산가족 상봉 정례화와 영유아 등 취약계층에 대한 인도적 지원 재개를 공약으로 내세웠으나 실제 성사된 이산가족 상봉은 2013년은 없었고, 2014년, 2015년 각각 한 차례에 그쳤습니다. 또한 2007년 4,397억 원이었던 인도적 대북지원은 2008년 정부지원이 중단된 이후 감소 추세를 보이기 시작하더니 2010년 5 · 24조치 이후 민간지원마저 금지되면서 2012년 141억 원까지 감소했습니다. 특히 박근혜 정부 역시 드레스덴 선언, 광복절 기념사 등에서 여러 차례 인도적 지원을 강조했으나 실질적인 성과는 여전히 미비합니다. 또한 남북 간 만남의 중단은 북한을 있는 그대로 객관적으로 보여주지 못하고 편견을 가지고 바라보게 만들었습니다. 한 가지 사례를 들어볼까요?

· 1 · 2011년 스마트폰 애플리케이션 ‘포토피디아’ 북한 편이 화제가 되었던 적이 있다. 낯선 땅, 쉽게 갈 수 없는 북한에 대한 사진이어서인지 전 세계의 이목을 끌었다. 포토피디아 북한편은 프랑스 여행사진작가 에릭 라프로그가 2008년부터 4차례에 걸

© 연합뉴스

쳐 북한을 방문하면서 찍은 1,300여 장의 사진이 들어 있다. 사진 대부분은 북한 주민의 일상을 담은 평범한 사진들이다. 사진작가인 에릭 라프로그는 처음에는 한국에서 화보집을 낼 계획이었다고 한다. 그러나 한국에서의 작업은 마땅치 않았다. 화보집을 내기로 하고 한국에서 작업을 하던 중 편집자와 갈등이 있었다. 갈등의 원인은 웃고 있는 사진들이었다. 북한 주민이 웃고 있는 사진이 너무 많다는 것이었다.

북한 경제가 실제 어려운 건 사실입니다. 그러나 북한 사람하면 굶주리고, 어렵고, 힘든 사진만 있어야 한다는 편견이 드러난 사례입니다. 그렇다면 남북이 만남이 중단된 그 자리는 누가 차지했을까요? 바로 중국이 대신하고 있습니다. 2008년 28억 달러, 2009년 17억 달러로 감소하던 북중무역은 5 · 24조치 직후인 2010년 35억 달러로 증가했고 고작 1년 뒤인 2011년에는 56억 달러로 2배 가까이 증가했습니다. 2013년 역시 꾸준히 증가해 65억 달러에 이릅니다. 2009년 50% 정도였던 북한의 대외무역 중국 의존도는 5 · 24조치 이후 2010년 83%로 증가했고 2013년에는 90%에 이를 정도로 심각해진 상황입니다. 그렇다면 이제 우리는 어떻게 해야 할까요? 또 한 가지 예를 들어보겠습니다.

· 2 · 북한산 바지락 조갯살이 수입되어 '조선민주주의인민공화국'이라는 원산지 증명을 부착한 채 시중에 선보이게 됐다. 이

는 민족 분단 40여 년 동안 완강했던 금기의 벽을 깨는 파격적 현상의 하나로 평가된다. 또한 그것은 남북한 경제교류가 실현될 가능성까지 제시했다. (1988년 11월 25일, 한겨레)

1988년도 기사를 보면 북한은 정치 · 군사적 해법을 강조하지만 오히려 우리 정부가 적극적 의지를 가지고 바지락수입의 남북경협을 이끌어냈습니다. 실제 당시 노태우 대통령은 1988년 7월 7일 '민족자존과 통일번영을 위한 특별선언' 이른바 7 · 7선언을 발표하면서 남북의 동반자적 관계 발전과 상호교류를 강조했습니다. 중요한 건 단순 선언에만 그치지 않았다는 점입니다. 그 해 바로 대북교역이 허용되었고 법적 근거가 마련되었습니다. 91년에는 학생용 가방이 반입되면서 최초로 위탁가공교역이 성사되었고 교역규모도 급성장하게 됩니다. 그러나 지금은 북한산 바지락 반입마저 중단되었습니다. 오히려 중국을 우회해 들어와 시중가가 크게 올랐습니다. 긴 유통과정으로 품질도 많이 떨어졌다고 합니다.

통일준비는 말로 하는 것이 아니라 남북경협을 통해 상호신뢰를 구축하는 것입니다. 더불어 한반도 평화체제의 안정적 관리를 위해서는 남북교류를 바탕으로 상호 호혜적인 남북관계의 지속적 발전이 전제되어야 함은 당연합니다. 장밋빛 구상에 빠져 당장 내일이라도 통일이 될 것처럼 통일준비에 호들갑인 정부 관계자들은 올해 북한산 바지락칼국수를 먹을 수 있을까요? 지금처럼 하면 답은 "아니다."일 것 같습니다. 5 · 24조치 해제가 반드시 필요한 이유입니다.

청년 실업 해소를 위해 '중동'으로 가라는 대통령께

· 3 · "800만 평의 공단 부지에 2,000여 개의 공단이 들어서고, 배후의 1200만 평 부지에는 50만 정도의 인구가 생활하는 종합 공업도시가 들어선다. 그 도시는 연간 500억 달러 이상을 생산하는 세계적 수출기지이자, 동북아 거점 역할을 한다. 이를 바탕으로 한반도 북측의 동-서 전체 해안선을 따라 해주, 남포, 원산, 신의주, 나진, 선봉, 함흥, 청진 등에 다각적 경제특구가 연쇄적으로 들어선다."

사실 위의 내용대로라면 박근혜 대통령이 주창한 '통일대박'을 실체화할 수 있는 대박 구상이 아닐 수 없습니다. 위의 구상은 2003년 개성공단 설립 당시 구상된 개성공단의 완공 모습입니다. 예정대로라면 2012년 이미 개성공단은 구상대로 완공됐어야 합니다. 그러나 우리 정부는 2016년 2월 10일 개성공단 전면중단을 선언했습니다. 정부는 개성공단을 북한 핵개발의 돈줄로 인식한 듯합니다. 그러나 개성공단을 통한 북한의 수익은 연간 1억 달러 수준입니다. 반면 남한의 수익은 업체, 소비자 판매, 하청업체 등을 고려하면 10억 달러에 이를 것으로 추정되고 있습니다. 즉 개성공단의 저임금, 높은 생산성, 접근성, 임금인상률을 고려할 때 오히려 남한이 더 큰 이익을 보는 사업입니다.

남북교류협력 중단의 가장 큰 문제는 사람들의 인식 속에 '퍼주기'라는 프레임이 작용한다는 점입니다, 그러나 남북교류협력은 퍼주기가 아닙니다. 독일의 사례를 살펴보겠습니다. 서독은 통일과정에 있어 동독에 천문학적인 금액을 지원했습니다. 동 · 서독의 경제교류 규모는 연평균 2219억 마르크(약 75억 달러)에 달했으며, 이 과정에서 동독이 얻은 이익은 공식거래(연 8억 달러)와 비공식지원(연 15억 달러)을 합쳐 연평균 52억 마르크(23억 달러)였습니다. 동독 입장에서는 서독과의 교류협력이 차지하는 비중이 동독 국민총생산(GNP)의 3%였으며 서방과의 교류협력에 40~50%를 차지할 정도로 막대했습니다. 이처럼 서독은 동독에 막대한 금액을 지원했지만 독일통일과정에서 퍼주기라는 비판을 찾아볼 수 있나요? 찾아보기 힘듭니다. 교류협력이 동서독 관계를 이어주는 중요한 연결고리의 역할을 했기 때문입니다. 따라서 대북지원 및 남북교류협력 사업은 퍼주기가 아니라 통일준비 비용으로 바라보는 것이 바람직합니다. 금강산관광은 남한에서 북한의 금강산으로 가는 도로포장 · 항만시설 등의 사회간접자본 투자와 관광 · 숙박 등의 상업시설 투자로 통일준비에 도움이 됩니다. 또한 관광을 통해 남북의 이질감을 줄여나갈 수 있습니다. 금강산관광이 중단되기 전까지 백두산 관광을 위한 도로포장과 공항공사도 마무리 단계였습니다. 그러나 지금은 어떻습니까?

남북관계 악화로 우리는 여전히 중국을 통해 돌아서 백두산을 갈 수밖에 없는 실정이며 금강산 주변에 투자한 시설들에 모두 먼지만 쌓여가는 실정입니다. 준비 없는 통일은 대박이 아닌 재앙입니다. 남북교류협력은 한반도에 새로운 기회이자 미래를 위한 가장 합리적 투자입니다.

그럼에도 불구하고 박근혜 대통령은 "대한민국에 청년이 텅텅 빌 정도로 한번 해보라. 다 어디 갔냐고, 다 중동 갔다고."[18]라고 말합니다. 그러나 25,000km 떨어진 머나먼 중동보다 고작 눈 앞에 높은 비교우위와 한반도 평화통일의 큰 가치를 가진 남북교류협력을 더 확대 · 발전시켜 한반도를 동북아 물류와 교류의 거점으로 만드는 것이 청년들에게 더 큰 기회와 꿈을 주는 것이 아닐까요? "나라가 텅텅 비도록 중동으로 떠나라."는 대통령에게 오히려 5 · 24조치 해제를 통해 '중동보다 남북교류협력에서'라는 말을 던지고 싶은 이유입니다.

18 제7차 무역투자진흥회의 박근혜 대통령 발언. 2015. 3. 19.

5

★

핏빛이 아닌 장미의 붉은빛으로

세계시민의 시각으로 보는 한반도 평화

우리가 노래해야 할 세상의 붉은빛이 '피'여야 할까요? '장미'여야 할까요? '통일' 하면 고개를 갸우뚱하는 사람들도, 이 질문에 대해서만큼은 명확한 답변을 내릴 수 있을 것입니다. 핏빛이 아닌 장미의 붉은빛으로 이 세상은 아름다워져야 하니까요. 그런 의미로, 우리가 으레 말하는 '평화통일'이라는 표현에서 방점이 찍혀야 하는 것은 통일보다도 오히려 평화이지 않을까요. 통일이라는 걸 유일하고 궁극적인 목적이라기보다, 평화를 준비해가는 하나의 과정이라고 생각한다면 말이지요. 특히, 평화를 단순히 전쟁이

멎은 상태가 아니라 전쟁을 준비하지도 않는 상태, 그리고 우리 사회의 약자들이 부당한 일을 겪지 않아도 되는 상태라고 본다면 말입니다. 그런 맥락에서 저는 한국인으로서가 아니라, 세계시민으로서 한반도 평화를 상상하고 실천해보자고 여러분께 말을 걸어보려 합니다. 왜 이렇듯 엉뚱한 상상을 하게 되었는지 지금부터 야금야금 이야기로 풀어보겠습니다.

전지구적 맥락에서의 한국전쟁

한국전쟁과 남북분단이 갖는 세계사적 함의에 대해 고민해봅니다. 여러분이 잘 아시다시피, 한국전쟁은 남과 북이 싸운 내전이기도 했지만, 동시에 관련된 여러 나라가 참여하여 싸운 국제전이기도 했지요. 혹시, 여러분은 미국의 여성운동가 글로리아 스타이넘의 이름이 귀에 익숙한가요? 영어에서 'Mrs'와 'Miss'라는 구분을 없앤 사람이지요. 그녀는 고등학교 시절, 같은 반 친구의 죽음을 경험합니다. 그 친구는 아버지의 손에 목숨을 잃었어요. 스타이넘이 미국에서 고등학교에 다니고 있던 때, 한반도는 한국전쟁을 치르고 있었습니다. 미국의 존재는 한국전쟁과 결코 무관할 수가 없지요. 그런데, 세계대전에 참전한 경험이 있는 그 친구의 아버지는 전쟁의 참혹함을 누구보다도 잘 알고 있었습니다. 전쟁터에서 돌아와서도 그 트라우마는 지속적으로 그를 괴롭혔지요. 그래서 그 아버지는 자신의 아들이 혹여나 한국전쟁에 징집되어

전쟁터로 끌려갈까 두려운 마음에, 아들을 죽이고 제 손으로 스스로의 목숨도 끊고 맙니다. 그리고 스타이넘은 같은 반 친구를 잃었던 아픈 기억을 되새기며, 80대의 노구를 이끌고 2015년 늦봄, 남북통일과 평화를 염원하는 행사 'Women Cross DMZ'의 대표가 되어 한반도를 찾아옵니다.

뿐만 아니지요. 한국전쟁에 군대를 파견한 나라 중 하나인 콜롬비아. 콜롬비아라고 하면 우리 머릿속에는 커피 정도가 떠오를지 모르겠어요. 문학에 좀 관심이 있는 사람이라면 가르시아 마르케스라는 대문호의 이름이 생각날지도 모르겠습니다. 전쟁을 수행하기 위해 콜롬비아에서 한반도까지 날아온 사람들은, 상당수가 흑인노예 출신이었습니다. 노예로 자국에서 비참한 삶을 살아야 했던 그들은, 한반도에 와서도 전쟁터에서 비참하게 피를 흘리며 죽어가야 했지요. 그리고 당시 신문사에서 기자로 일하고 있었던 마르케스 역시 한국전쟁에 관한 글을 몇 번 기고합니다. 『라틴아메리카 문학과 한국전쟁』[19]이라는 책에 보면 당시의 상황이 잘 나와 있어요.

이렇게, 세계 각국에서 전해지는 '이야기'들을 통해서, 한 나라에서 벌어진 전쟁이 어떻게 전지구적으로 연결되어 있는지, 그리고 한 전쟁이 얼마나 많은 사람들의 삶을 직간접적으로 파괴하는지 깨닫습니다.

---

19 송병선. 2009.『라틴아메리카문학과 한국전쟁』. 서강대학교 출판부.

함께 지어가는 평화, 미래공동체

우리가 잠시 바다 건너 먼 나라로 시선을 확장하는 여행을 다녀왔으니 이번에는 다시 한반도로 돌아와 볼까요. 우리나라에 체류하고 있는 외국인은 이주노동자를 포함하여 182만 명 정도로, 국내 총인구의 3.5%[20]를 넘어가고 있습니다. 우리는 이미 원하든 원하지 않든 상관없이 다인종사회로 가고 있는 것이지요. 이들을 한반도의 미래를 함께 고민하는 미래공동체의 주인공으로 초대해야 합니다.

종종, 민족주의는 이제 더 이상 설득력이 없고 그렇기 때문에 통일의 동력이 될 수 없다는 말을 듣습니다. 하지만 민족주의의 설득력 문제보다 중요한 건, 앞서 살펴보았듯 한반도의 전쟁과 분단이 결코 우리나라만의 문제가 아니었다는 사실이지요. 그리고 더욱더 중요한 것은, 우리가 다가올 통일 한반도를 이 나라의 곳곳을 채우고 있는 외국인, 그리고 그 자녀들과 함께 살아가야 한다는 사실입니다.

외국인에 대한 혐오는 순혈주의와 단일민족을 강조하는 정서 탓도 있지만, 끊임없이 우리 안의 '다른' 존재를 찾아 나서는 레드 콤플렉스를 내면화한 데에도 그 원인이 있지 않을까, 반추해봅니다. 레드 콤플렉스는 기본적으로 눈에 쌍심지를 켜고 '다른' 존재,

20 "외국인 노동자 100만 시대… 고용 · 인구정책 새 판 짤 때다". 2015. 10. 17. 한국경제.

‘우리’를 위협할 수 있는 잠재적인 적을 사냥하러 나서는 심리입니다. 그렇기 때문에 ‘빨갱이’, ‘종북’ 같은 마녀사냥도 어떤 의미에서의 인종주의라고 볼 수 있겠지요. 차이를 대화 불가능한 것으로 설정하고 그것을 혐오의 시선으로 바라보는 것이 바로 인종주의입니다. 북한 주민들은 우리와 너무나 다르니 절대 더불어 살 수 없다고 생각하는 것도 우리가 갖고 있는 인종주의의 다른 한 양상일지도 모릅니다.

과거 우리와는 좀 다른 형태의 분단과 통일을 경험했던 독일에서는, 통일 후 오히려 이주민 공동체에 대한 테러가 늘어나는 등의 큰 불행을 겪었지요. 엠마 골드만이 “내가 춤출 수 없다면 그건 혁명이 아니”라고 말했듯, 우리 안의 약자들이 억울한 일을 겪고 있는데 그것을 평화라고 부를 수는 없겠지요. 그건 진정한 의미에서의 평화가 아니라 반쪽의 평화, 혹은 가장된 평화일 것입니다. 우리라고 독일에서와 같은 진통이 벌어지지 않으리라는 법은 없습니다. 오히려, 오래도록 지속된 경제 불황의 원인을 ‘내 파이를 빼앗아가는’ 이주노동자들에게 돌리며 혐오표현을 일삼는 모습을 보면서, 통일된 한반도를 함께 나눠 쓰는 사람들이 한 명이라도 다치지 않고 한 명이라도 소외되지 않는 것이 중요하다는 생각을 매일매일 되새깁니다.

홀로 아리랑을 함께 아리랑으로

저는 〈홀로 아리랑〉이라는 노래를 무척 좋아합니다. 그래서 매일 매일 듣고 또 속으로 따라 부르곤 하지요. 그 노래에는 "가다가 힘들면 쉬어 가더라도 손잡고 가보자, 함께 가보자."는 대목이 나옵니다. 저는 한반도 평화를 위해 우리가 넘어서야 할 '아리랑 고개' 중 하나가 바로 자민족중심주의라는 생각을 합니다. 한반도 평화의 주인공은 비단 '우리 민족'만이 아니라, 전쟁과 분단이라는 공통된 기억을 공유하는 역사공동체, 그리고 통일 한반도를 함께 맞이할 미래공동체라고 생각합니다. 그래서 '홀로 아리랑'이라는 노래를 '함께 아리랑'으로 바꿔 부를 것을, 그리고 민족을 벗어난 새로운 개념으로 한반도의 평화를 사유할 것을 제안하고 싶습니다. 통일 한반도에서 우리는 반 세기 이상 떨어져 지냈던, '같으면서 다른' 북녘 주민들과 그리고 피부색과 언어가 '다르면서 같은' 이주민들과 함께 살아가야 합니다. 그렇기 때문에 통일 한반도는, 우리에게 더불어 살아가는 '타자에 대한 감수성'을 요구하는 사회가 될 겁니다.

다름 속의 같음, 같음 속의 다름을 발견하며 살아가는 일은 얼마나 우리의 삶을 풍요롭게 만들어줄까요? 평화의 시대를 맞이하기 위해 이웃을 대하는 우리의 감수성과 태도는 이전과 달라질 수밖에 없고 또 달라져야만 합니다. 평화, 민주주의, 인권, 상호이해, 환대가 함께 맞물려 돌아가는, 그 모든 것이 한데 살아 숨 쉬는 한반도의 시대가 오기를 소망합니다. 그럼으로써 한반도의 평화가 궁극적으로 전지구적 평화에 기여하는 소중한 시발점이 되기를 소망합니다. 그러기 위해 민족주의를 벗어나 이전과는 조금 다른 방식으로 한반도 평화를 사유할 것을 제안합니다. 민족이나 국적에 상관없이 한반도에 살고 있는 모든 구성원이 함께할 수 있는 한반도 평화, 한반도 평화에 관심이 있는 사람이라면 그 누구나 같이 만들어갈 수 있는 한반도 평화 말이지요.

핏빛 세상 속 장밋빛 희망

가끔은 평화라는 것이 좀처럼 이루어지기 힘든 소망이라는 생각도 합니다. 우리처럼 국경선을 맞대고 있으면서, 장미의 붉은빛이 아닌 핏빛으로 끊임없이 땅을 물들이고 있는 팔레스타인-이스라엘을 볼 때도요. 그러나 평화를 향한 염원이 영원히 실현불가능하다고 생각하지도 않습니다. 제가 주저앉지 않는 이유는, '평화'라는 뜻을 가진 히브리어 '샬롬'과 '당신에게 평화가 있기를'이라는 뜻의 아랍어 '앗살람 알레이쿰' 같은 인사말. 그 인사말을 만든 사람들이 품었던 고결한 마음씨, 평화에의 그 오랜 의지를 마음속에 되새기며 꺼져가는 희망에의 불씨를 끊임없이 지펴나가기 때문입니다. 지치지 않는 희망. 이건 언어가 가진 회복의 힘을 신뢰하는 작업이기도 합니다. 저는 인간을 신뢰하는 낙관주의자입니다.

앞서 핏빛 세상을 살았던 팔레스타인의 시인 압드 안나시르 살리흐는 평화를 염원하는 시를 쓴 죄로 무려 열다섯 차례나 체포되었지요. 그러나 그가 감옥에서 쓴 시는 절망을 토해내기는커녕, 오히려 감옥이 세상 모든 이들을 위한 화해의 공간이 되기를 바란다고 노래하고 있습니다. 저는 이런 평화주의자들을 보며 핏빛 세상 속 장밋빛 희망을 발견합니다. 그래서 이들로부터 얻는 강렬한 에너지를 원천으로 끊임없이 지금, 이곳에서 할 수 있는 일을 찾아 나섭니다. 절망의 한 구석에서 희망의 물결을 찾는 움직임인 셈이지요. 살림의 논리로 죽음에 대항해가는 것이지요. 핏빛 세상이 아니라 장밋빛 세상을 만들어가는 창조 행위인 것이지요.

세상에 고통만큼 인류에게 보편적인 것이 있을까요? 저는 이 고통을 통해 연대할 수 있을 때 비로소 인간의 가능성은 빛난다고 믿습니다. 전쟁을 일으키지도 준비하지도 않는 세상, 우리 안의 약자들이 억울한 일을 겪지 않아도 되는 평화로운 세상을 요구하기 위해 함께 일어나 손을 맞잡고 노래해볼까요?

6

★

스무 살, 분단을 인식하고 평화에 공감하자!

청년세대의 통일인식, 변화를 감지하다

1945년 해방과 함께 이뤄진 분단체제는 반세기에 걸쳐 남한의 청년세대들에게 '반공'이라는 대결적 색채를 가진 통일담론을 생산하였습니다. "나는 공산당이 싫어요."라고 외치며 무장공비의 손에 목숨을 잃은 이승복 어린이의 동상이 전국의 학교에 세워지면서 투철한 반공의식이 으뜸덕목이라고 배웠던 이른바 '반공세대'는 북한의 붕괴 또는 공산당의 괴멸이 곧 통일이라는 교육을 받아야 했습니다.

그렇다면 2015년 현재를 살아가는 대한민국 청년들은 통일을

북한은 우리에게 어떤 대상이라고 생각하는가?

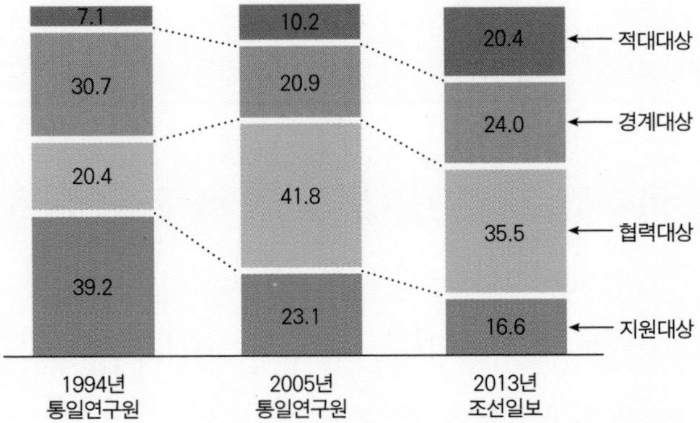

출처: 조선일보 2014년 1월 1일자 | 단위: %

어떻게 인식하고 있을까요? 1998년 '국민의 정부'가 등장하면서 통일담론의 패러다임이 평화와 공존 및 화해와 협력을 기반으로 한 남북관계의 개선과 남북의 평화적 공존으로 전환되었습니다. 그리고 이러한 변화의 흐름은 2000년 6월 15일 남북정상회담을 통해 더욱 공고히 되었지요. 현재의 청년세대를 '만 20세부터 만 30세'로 한정지어 살펴본다면 이 세대는 반공세대가 상상조차 할 수 없었던 일들을 경험했습니다. 분단 이후 최초로 남북한의 국가정상이 두 손을 맞잡는 모습, 사진으로만 보았던 금강산을 오르는 모습, 남과 북이 힘을 합쳐 만들어낸 개성공단에서 북한의 노동자들이 남한의 기업에서 일하는 모습을 보면서 자랐습니다. 또한 남북관계의 개선을 통해 학교에서는 과거 반공교육 또는 안보교육에서 학교통일교육 또는 평화통일교육이라는 명칭을 사용하며 획기적으로 변화된 남북관계를 통일교육에 반영하였습니다. 이렇듯 그 어느 때보다 통일의 가능성을 체험하며 성장한 지금의 청년세대가 바라보는 북한은 이전의 반공세대와 비교할 때 상당히 많이 바뀌었다는 것을 알 수 있습니다.

청년들의 통일담론, 한계를 감지하다

김대중 정부 출범 이후 남북관계의 획기적인 개선은 통일담론을 '적대'에서 '협력'으로 화려하게 변신시켰습니다. 그럼에도 불구하고 통일을 어떤 시각으로 이해하고 접근해야 하는지에 대해서 여전히 정부가 주도하고 결정하고 있지요. 즉, 관이 주도하는 통일교육은 해당 정부가 추진하는 대북정책의 홍보수단으로 활용되었고 그 방식 또한 과거 박정희 정권 시기의 '집체식 통일교육'과 다름없다는 사실을 인정할 수밖에 없습니다. 정부가 주장하는 통일정책이 곧 정답이라는 식으로 접근하다보니 통일담론은 개선과 발전보다 정체와 후퇴를 거듭할 수밖에 없는 것입니다.

특히 20세기 이후 정부의 통일교육은 인터넷을 통해 개방된 정보와 지식을 접하는 청년들의 지적 성장속도를 따라잡지 못하면서 통일담론에 대한 공감대를 형성하는 데 실패하였습니다. 설사 통일 문제에 관심있는 청년을 만나더라도 현재의 분단상황 유지가 통일의 대안으로서 가장 낫다고 생각하는 청년들을 어렵지 않게 찾아볼 수 있습니다. 이렇듯 통일교육이 가진 한계는 청년들이 통일담론을 보다 다양하고 창의적으로 제시하지 못하는 '상상력의 빈곤'을 만들어내는 원인이기도 합니다.

청년들이 만들어 가는 통일담론, 가능성을 감지하다

20대 남성청년들은 약 1년 9개월 간 군복무를 한 뒤 예비군 및 민방위 훈련 등을 통해 안보교육을 받습니다. 교육 내용을 살펴보면 북한에 대한 주적개념을 확립하기 위해 그간의 북한의 대남도발과 인권침해 사례, 체제의 비정상성 등을 교육받게 됩니다. 2015년 개봉한 〈연평해전〉이라는 영화는 예비군에서 받았던 안

보교육의 확장판이라고 보면 될 것입니다. 본 영화를 관람한 여성 및 어린이들 역시 북한에 대한 증오심과 적개심을 느꼈다고 합니다. 최근 평택에 있는 천안함 전시관을 다녀온 대학생들은 "당장이라도 전쟁을 치뤄서 북한을 응징해야 한다."고 울분을 토했습니다. 전쟁을 불사하겠다는 다짐이 마치 애국심처럼 느껴질지 모르지만, 한반도에서 전쟁이 발발하면 그 피해는 상상을 초월합니다. 돈 오버도퍼는 『두 개의 한국』에서 다음과 같이 서술하고 있습니다.

> "한반도에서 전쟁이 일어나면 처음 90일간 미군 사상자가 5만 2,000명, 한국군 사상자는 49만 명", "재정지출도 610억 달러를 넘을 것으로 예상됐다.", "한반도에서 전면전이 재발할 경우 사망자는 100만 명에 이를 것이며, 미국인도 8만에서 10만 명이 죽는다. 전쟁 당사국과 인근 나라들 재산 파괴와 경제활동 중단에 따른 손실은 1조 달러를 넘을 것이다."

이 책의 내용이 우리에게 시사하는 점은 결국 전쟁을 치르지 않고 평화롭게 공존할 수 있는 방법을 고민하는 것이야말로 진정한 애국심이라는 사실입니다. 전쟁이 아닌, 평화와 공존이 가능한 통일을 상상할 수 있도록 청년들의 상상력과 창의력을 발휘할 수 있어야 합니다. 청년들을 대상으로 하는 통일담론이 더 이상 정부로부터의 아젠다 설정이나 통제에 머물지 않고 청년들이 직접 나서서 다양한 대안을 참신하고 재미있게 만들어갈 수 있는 개방적 통일담론으로 형성될 수 있어야 합니다. 따라서 정부, 교육기관, 통일운동단체 등에서 청년들 대상으로 통일교육이 단지 통일의 당위성에 국한되지 않고 논리적이며 실용적인 관점에서 공감대를 만들어 내는 의제발굴이 필요합니다. 예컨대, 대학등록금 인하를 위한 예산이 남북 관계의 진전을 통한 국방비의 절약을 통해 마련할 수 있다는 점은 통일을 대학생들의 실생활과 밀접한 관련이 있는 담론으로 만들 수 있습니다.

전쟁이나 붕괴, 흡수에 의한 통일이 아닌 평화와 공존, 교류와 협력에 의한 통일이 가능하려면 청년들의 자발적인 참여와 긍정적인 상상력, 그리고 지속적인 열정이 필요합니다. 1960년 4월 19일에 일어난 청년들의 혁명운동과 1987년 6월에 일어난 남북 학생회담 제안 등은 청년들의 상상력으로부터 시작된 통일담론이었습니다. "가자 북으로 오라 남으로."라고 외쳤던 청년들이 기성세대가 이뤄내지 못했던 통일의 공론화를 이끌어낼 수 있었던 것처럼, 지금 이 시대를 살아가는 청년들이 통일을 열망할 수 있도록 할 수 있는 방법은 '평화감수성에 의한 통일공감대의 형성'입니다.

⁝ 제안 1 ⁝ 스무 살, 통일한국을 디자인하자

무한한 아이디어와 뜨거운 열정으로 가득한 청년세대들은 무엇에 열광할까요? 강력한 성취욕구와 화려한 스펙을 지닌 지금의 청년들이 소위 스타트업[21]이라는 방법을 통해 자신의 아이디어와 열정을 현실화시키고 있습니다. 특히 청년들에게 사회적 기업과 같은 소셜임팩트(social impact)를 갖춘 기업을 일구는 일은 다 함께 잘살 수 있는 공동체를 이룰 수 있는 좋은 방법이라는 것을 잘 알고 있습니다. 그렇다면 그들에게 '통일이 곧 기회'라는 말이 현실이 될 수 있도록 통일 준비를 위한 다양한 아이디어를 사업화할 수 있도록 지원하는 것입니다. 예를 들어 탈북청소년들을 위한 교육지원사업, 북한 바로알기 앱개발사업, 한반도 관광 가장체험 프로그램(4D) 개발사업 등과 같은 아이템은 현재 청년들이 스스로의 아이디어와 열정을 통해 남북 간의 이질성을 극복하고 평화지향적인 통일을 이뤄나가는 좋은 사례가 되고 있습니다. 이러한 시도가 가볍지 않은 이유는, 스무살 청년이 디자인하는 통일한국이 바로 우리가 살아갈 미래가 될 것이기 때문입니다.

21 스타트업은 국내에서 창업으로 통칭하고 있지만 필자는 현실화할 수 있는 아이디어와 열정을 기반으로 사업의 기회를 찾아 도전하는 것으로 본다

: 제안 2 : 스무 살, 호기심으로 북한을 바라보자

최근 3년 간 해외여행을 경험한 20대의 청년들은 43.2%로 나타나고 있습니다. 게다가 우리도 모르는 사이에 손에 든 스마트폰을 통해서 실시간으로 글로벌 뉴스를 접하고 있으며 다양한 형태의 국제적 이슈를 이해하고 다른 문화에 대해 포용하는 법을 배우고 있습니다.

그런 점에서 북한은 여전히 청년들에게 미지의 공간이며 호기심을 자극하는 대상이기에 통일교육의 중요한 동기가 될 수 있습니다. 그렇다면 실시간으로 북한의 관광지를 3D 시뮬레이션을 통해 여행할 수 있는 프로그램을 개발해보는 것은 청년들에게는 통일한국을 보다 실감나게 체험할 수 있는 기회가 될 것입니다.

다양한 이유로 전 세계에 흩어진 남북한의 청년들을 한자리에 모아 통일한국 정부를 구성해 보면 어떨까요? 남북국회회담을 개최하여 통일한국을 평화롭게 이끌어가기 위해 토론하고 타협하는 프로그램을 만들어보는 것이지요. 서로 다른 공간과 문화에서 살아온 청년들이 분단한국을 바라보는 시각을 공유하고 선입견으로 점철된 서로에 대한 이해의 폭을 넓히면서 통일한국을 꿈꿀 수 있는 기회가 될 것입니다.

: 제안 3 : 군함으로 만든 피스보트를 타고 세계를 누비자

군함을 개조하여 만든 피스보트(Peace Boat)가 세계를 누비는 상상을 해봅시다. 가령, 전쟁의 참상의 피해자로서 분단과 갈등의 고통을 겪고 있는 이들을 배에 초청해서 현장에서 벌어지는 인권침해의 참상을 나누고 분쟁과 갈등의 공간인 난민 캠프에 직접 방문하여 전쟁의 아픔을 공감하며 해법을 모색해 나가는 것입니다. 이를 통해 양성되는 글로벌 시민들이 우리 사회에 통일공감대를 확산시키는 데 중요한 역할을 할 것입니다.

만일 피스보트를 통해 아시아뿐만 아니라 세계 곳곳의 사람들과 지구적 문제에 대해 함께 아파하고 해결책을 고민할 수 있다면 우리들은 자연스럽게 한반도의 분단의 현실을 이해할 수 있을 뿐만 아니라 이를 해결하기 위한 다양한 방법들을 실천에 옮기게 될 것입니다. 천안함과 참수리호를 보며 적개심과 분노심을 느꼈던 청년들이 평화를 상징하는 군함 〈Peace Ship for One Korea〉에 탑승하여 세계 곳곳의 분단과 갈등, 전쟁과 분쟁이 있는 곳에 화합과 평화를 위한 연대와 협력의 다리를 짓는 상상, 제게는 가슴이 떨리는 상상이 아닐 수 없습니다. 피스보트는 세계 최후의 분단국인 남북한이 세계 평화의 모델로서 역할을 하게 될 뿐만 아니라 평화적 통일의 의지를 전 세계에 알리는 역할을 해낼 수 있을 것입니다.[22]

22 고병헌 외.「평화교육의 개념과 내용체계에 관한 연구」. (서울: 통일부 통일교육원, 2010). p.158.

에필로그

일시 : 2016년 1월 14일 오후 4시

참석 : 전진희(대학고발자 운영자/바꿈청년코디네이터),
홍명근(시민의날개 컨텐츠팀장/전 경실련 통일협회 간사/바꿈청년코디네이터),
전진한(바꿈 상임이사),
손우정(바꿈청년총괄코디네이터/바꿈 이사)

손우정(바꿈 이사/사회) 『세상을 바꾸는 청년사회입문서』 기초 작업이 마무리 되었습니다. 바꿈에서 청년모임을 제안한 것이 2015년 2월이니까 그때부터 계산하면 거의 1년이 지난 것 같아요. 돌아보면 처음에는 청년사회입문서를 만들려고 시작했던 것은 아니었습니다. 청년들이 모여서 이런저런 이야기를 나눠보자는 단순한 취지가 청년들이 편하게 읽고 사회문제를 함께 토론할 수 있는 책을 만들어보자는 의지로 바뀌어서 이렇게 책도 나왔습니다(웃음). 우리 청년네트워크가 총 4개 분과로 운영되었는데, 이번 후기를 겸한 집담회는 평화 · 통일분과를 운영하는 홍명근 님, 대학분과를 운영하는 전진희 님, 이 사업을 지켜본 바꿈 상임이사 전진한 님이 참석하셨습니다. 분과를 운영하는 분들을 '코디네이터'로 불렀는데, 소회가 남다를 것 같아요.

"또래 청년들 만나 치열하게 토론… 흔치 않은 경험이었다"

전진희(대학고발자/대학분과 코디네이터) 처음 청년사회입문서를 만들자고 해서 사람부터 찾아다녔어요. 대학생들이 직접 대학생활과 교육 문제를 정리한다는 생각으로요. 크게 두 가지를 중요하게 생각했던 것 같아요. 첫째는 우리는 전문가가 아닌데, 대학에서 벌어지고 있는 문제를 얼마나 정확하게 사람들에게 전달할 수 있을까? 하는 걱정을 조금 했어요. 우리는 전문가는 아니지만 당사자니까, 당사자 입장에서 문제를 잘 전달하는 게 중요하다고 생각했어요. 둘째는 내용 면인데, 서로 초안을 작성한 후 토론을 굉장히 많이 했어요. 우리 분과에 모인 친구들이 상당히 다양했는데요, 학생회를 하던 친구에서부터 다른 친구들처럼 스펙 신경쓰면서 평범한 대학생활을 하고 있는 친구, 정치에 관심이 많은 친구도 있었어요. 이런 다양성 때문에 글의 방향이랄까? 어떤 입장으로 정리할지 막막했는데 토론을 많이 하면서 답을 찾을 수 있었어요. 참 의미 있는 시간이었습니다.

홍명근(시민의날개 컨텐츠 팀장/평화 · 통일분과 코디네이터) 우리 분과도 처음에는 막막한 게 많았어요. 위안부 문제 같은 경우는 위안부 할머니들이 당사자고 역사교과서는 고등학생들이 당사자니까 이들에게 물어보는 것부터 시작할 수 있어요. 그런데 '통일 문제는 누구에게 묻지?' 하는 막막함이 있었어요. 사실 통일 문제도 미래세대인 우리가 해야 하는 건데 지금까지는 배제되어 있었잖아요? 이게 너무 거대담론이고 어려운 문제라 합리적인 대안을 내놓기가 어려웠어요. 책을 만들면서 '감정이 아니라 논리로 접근하자.', '프레임에 묻히지 말자.'라고 서로 이야기했는데 이렇게 결과물이 나왔다는 것이 의미 있고 중요한 점 같아요. 청년들이 이런 경험을 거의 못해보는데, '우리가 주도해서 직접 해냈다.'는 점에서 자부심을 느꼈다고 할까요? 이제 이런 경험을 바탕으로 좀 더 확장적인 일을 할 수 있는 방법을 모색해야 할 것 같아요.

손우정 전진한 이사님은 청년들의 입문서 작업을 지켜보면서 남다른 생각이 많이 드셨을 것 같아요. 시민단체 활동을 오래 해오셨는데, 예전에 비해 오늘날 청년 활동가들의 분위기나 조건이 많이 달라졌잖아요?

전진한(바꿈 상임이사) 지금은 20, 30대의 여론장악력이 많이 떨어졌습니다. 제가 2002년에 참여연대에 처음 입사했을 때 사무처장이 37살이었어요. 그때는 시민사회단체 사무처장 하다가 바로 청와대로 가서 수석비서관도 하고 장관도 만나고 그랬어요. 30대 실·국장이 우리 사회 여론을 좌지우지했을 때였습니다. 이광재 같은 분이 청와대 상황실장 할 때가 몇 살이었는 줄 아세요? 30대 후반이었어요. 이게 불과 몇 년이 안 된 이야기예요. 예전에는 젊은 사람들에게 발언권을 많이 줬고 언론사에서 지면도 많이 줬는데 불과 몇 년이 지나니까 20~30대, 대학생들의 목소리가 아예 사라졌어요. 청년의 생각을 모아낼 곳 자체가 사라지고 있는 거죠. 바꿈이 지난해 7월에 창립했는데, 중요한 기획 중 하나가 '청년들의 목소리를 모아 내자.'는 것이었어요. 이 책도 그런 점에서 주효한 의미가 있는 것 같아요. 예를 들면 통일 의제 같은 경우도 60~70대 목소리만 나오곤 했는데 청년들의 목소리가 나와서 좋았어요.

손우정 바꿈청년네트워크에 참여한 대부분의 청년들이 거의 처음 만난 분들이었습니다. 새로운 청년들이 새로운 공간에서 만나서 토론하고 제안하고… 좋은 점도, 아쉬운 점도 많았을 것 같아요.

전진희 저는 크게 두 가지가 가장 좋았던 것 같아요. 첫째는 평범한 청년들이 글을 썼다는 점이에요. 보통 책은 전문가들이나 글을 잘 쓰는 사람들이 펴내잖아요? 그런데 우리는 평범한 친구들이 모여서 집단적으로 토론해서 책을 냈어요. 해보니까 '아 누구나 책을 낼 수 있는 거구나.', '돈만 있으면 (책을) 내겠구나'.(웃음) 자신감이 붙은 것 같아요. 둘째는 경험이 확장되었다고 할까요? 전 대학 문제에 대해서는 비교적 잘 알고 있다고 생각하는데, 인권이나 통일은 잘 모르는 분야였어요. 같이 입문서 작업을 하면서 몰랐던 것들도 많이 배웠고, 다른 영역에서 활동하는 분들도 많이 만나게 된 것 같아요. 이게 다 자산이죠.(웃음)

전진한 저는 조금 다르게 생각했어요. 전진희 씨가 '돈만 있으면 책을 낼 수 있구나.'라고 하셨는데, 원래는 (돈을 들여서 책을 만드는 것이 아니

라) 책을 써서 돈을 버는 거잖아요? 우리는 돈이 없으면 책 쓸 생각을 하거든요. 우리는 책 낸다고 하면 '원고료 많이 받았냐?'고 물어보는데, 책을 내는 데에도 돈이 필요하다고 생각하고 있을 줄은 몰랐어요. 이런 것도 우리세대와 지금 청년세대가 다른 점이죠. 요즘 청년들은 너무 위축되어 있는 것이 아닌가 싶은데, 자신감을 좀 더 가졌으면 좋겠어요. 특히 요즘 같은 총선 국면에는 청년들이 당당하게 주장하고 여론을 강하게 질타하는 것이 필요합니다.

전진희 청년들이 항상 위축되어 있고 자기주장을 못했던 것은 아니었던 것 같아요. 그동안 정치나 대학 문제 같은 의제에서 많은 입장을 내고 주장하도 했어요. 절규도 많이 했고요. 그런데 요즘은 청년 문제를 이슈화하는 데 사다리가 끊어져버렸다는 걸 느껴요. 지금도 청년 이야기를 (정치적으로) 이용하려고만 하는 것 같아요. 그런데 바꿈은 달랐어요. 어떤 결과물을 위해 청년을 활용하는 것이 아니라 청년들을 믿고 결과가 불확실한데도 지원을 해줬어요. 그렇기 때문에 청년의 목소리를 낼 수 있었던 것 같아요.

손우정 '결과가 불확실한 일'이라는 평가가 상당히 시사적인 것 같습니다(웃음). 그렇지만 신생단체인 바꿈이 이 사업에 적지 않은 예산을 투입한 것은 단순히 책을 내기 위해서라기보다 책을 만드는 과정…… 그러니까 서로 모르던 청년들이 모여서 무엇인가 도전해본다는 그 자체의 이유 때문이었던 것 같습니다.

전진한 바꿈에서 청년 중심의 지원 사업을 시도했다는 것 자체가 신선한 시대가 되어버렸어요. NGO도 자기 이해관계가 뚜렷해졌어요. 자기 영업이 필요해진 거죠. 회원가입 같은 산출이 있는 사업에만 돈을 투자해요. 바꿈은 겨우 2015년에 창립해서 아직은 불안정하고 돈도 많이 없는 상황인데 결과가 불확실했던 사업에 상당히 많은 예산을 여기에 투입했어요. 이건 상당히 선진적인 거예요. 그리고 개인적으로 느낀 건, 요새 청년들이 얼마나 바쁩니까? 아르바이트도 해야 하고 공부하기도 바쁜데, 이렇게 바쁜 사람들이 모여서 놀거나 담소를 나눈 것이 아니라 치열하게 토론하면서 보냈잖아요? 좀 짠하다고 해야 할까? 아무튼 요새 드문 모습이고, 너무 보기 좋았어요.

홍명근 맞습니다. 그런 점에서 저는 '공간'을 만들었던 것이 가장 보람 있었어요. 청년들은 통일에 대해 논의할 수 있는 공간이 없어요. 통일단체 관련 활동가 모임을 가면 제가 제일 어려요. 대부분 60~70대 어르신들이 나오세요. 20대는 거의 없고 30대는 드물어요. 예전에 통일운동이 활발했을 때에는 협의체도 많았다고 하는데 지금 40~50대 선배들 세대에서 끊겼어요. 이번에 입문서를 만들면서 통일 문제에 관심이 많은 또래들과 만나고 토론할 수 있어서 개인적으로 성숙해진 것 같아요.

"시민사회, 청년세대 못 키우고 있다"

손우정 방금 이야기가 조금 나왔는데, 청년들의 상황이 과거 어느 때보다 좋지 않은 것은 사실인 것 같습니다. 예전에 시민사회나 각종 단체에는 젊은 사람들이 넘쳤는데 요즘에는 눈에 띄게 고령화되었어요. 재생산이 안 되고 있다는 우려가 나온 지도 꽤 오래되었는데 전혀 문제를 해결하지 못하고 있습니다. 그래서 그런지 분위기도 많이 달라진 것 같아요.

전진한 예전에는 시민단체 신입 간사들을 위한 각종 모임 자리가 많았어요. 선배들이 술과 밥을 사주면서 자리를 만들었지요. 시민사회연대회의나 참여자치시민연대 전국네트워크 같은 공식적인 네트워크도 있었고요. 저는 지금도 지역에 가면 예전에 만났던 선배들하고 반갑게 인사하고 그래요. 그런데 지금은 서울에 있는 단체들끼리도 잘 안 만나요.

홍명근 정말 그런 것 같아요. 제가 전에 있던 경실련은 상대적으로 큰 규모의 시민단체였는데, 다른 단체 사람들과 만나는 것을 우려하고 있다는 느낌을 받았어요. 일이 많아져서 다른 단체들과 힘을 합쳐야 하는 상황에서도 '우리가 더 잘해야 한다', '우리가 주도해야 한다' 같은 기싸움이 보이지 않게 있어요. 스스로 파편화되고 있는 거죠. 그러다보니 '활동가'라기보다 '실무자'라는 말이 어울리는 활동을 주로 하게 되고, 저도 모르게 관료화되는 걸 느껴요. 다른 단체도 상황이 비슷한 것 같습니다. 서로 비판하고 욕하는 것도 많고. 시민단체끼리 스스로 소모되고 있어요.

전진희 저는 주로 대학생운동을 해왔기 때문에 시민단체 상황은 잘 모릅니다. 그런데 사실 대학생운동에서도 비슷한 상황이 나타나는 것 같아서 우려스러운 면은 있어요. 그동안 대학 문제를 중심으로 청년들이 '공동행동'이라는 이름으로 연대해왔고, 시민사회와도 '행동을 통한 연대'를 주로 진행했어요. 반값등록금도 '공동대책위' 같은 이름으로 해왔잖아요? 그런데 지난 몇 년 동안 공동행동 자체가 축소되고 있어요. 이제는 네트워크를 통한 연대의 요구 자체가 없어진 것 아닌가 하는 우려가 큽니다.

전진한 제가 활동가 생활을 하면서 가장 감동적이었던 순간을 떠올려보면 해외에서 활동하는 다른 나라 활동가를 만났을 때예요. 뭔가 짠한 느낌을 받게 되죠. 원래 활동이나 운동은 경계가 없는 것이라서 광활하고 세계적인 생각을 해야 하는데 어느 순간 너무 협소하게 생각하고 있는 것 같아요. 예전에는 동아시아 인권운동 하는 분들을 이해 못한 적도 있어요. '우리나라에도 할 일 많은데 동아시아까지?' 하는 생각이 들었죠. 그런데 가서 보면 '아, 이게 다 하나구나' 하는 생각이 들어요. 하지만 우리는 우리만의 성장을 생각하고 영역 싸움하고…… NGO가 많이 위축되면서 경쟁이 강화되었어요. 그래도 우리나라 시민단체 활동가들이 해외에서는 알아줍니다. 시각을 넓히고 자꾸 만나서

힘을 얻어야 해요.

"공동체 경험 전무한 요즘 청년, 바꾸기보다 경쟁해서 기득권 되고 싶어해"

손우정 시민단체 젊은 활동가들이 처한 환경과 조건이 나날이 악화되고 있고, 활동가 간의 네트워크도 점차 사라지고 있는 것은 우리 시민사회운동의 미래에 매우 부정적인 영향을 주는 것 같습니다. 그런데 다른 한편으로 생각해보면, 이게 청년활동가들만의 문제가 아니라 청년세대 전반의 문제 같아요. 매번 정치권과 언론에서 청년문제의 심각성을 제기하고 있지만, 문제가 제대로 해결될 기미가 전혀 안 보이는 것이 현실입니다.

홍명근 일자리는 많은데 정말 '일하고 싶지 않은 일자리'만 많은 것 같아요. 좋은 일자리는 정말 찾기 어렵습니다. 대학까지 가서 엄청난 등록금을 내고 졸업했으니까 그만한 대우를 받아야 하는데 일할 기회가 너무 적어요. 대학 다닐 때부터 너무 경쟁, 경쟁 하다보니까 '나는 해내야지.', '나는 이겨내야지.' 하는 상황이 되어버렸어요. 청년들이 힘을 합쳐서 목소리를 내자고 하는데, 사실 돌파구가 없으니까 개인적인 경쟁에 '올인'할 수밖에 없잖아요? 그런데 일단 그런 무차별적인 경쟁으로 들어서면 탈출구도 없어요. 악순환이에요. 기성세대가 결정한 것에 우리가 얽매이고 있는데, 선택지가 없다보니 자꾸 포기만 하게 돼요. 포기하든 안 하든 '우리는 절대 기득권이 될 수 없는 세대'라는 자괴감이 큽니다.

전진한 기성세대가 가해자, 현재 청년세대가 피해자라는 시각은 좀 주의해야 할 것 같아요. 내가 20대 때, 그러니까 1993년에서 1996년 정도까지는 최대의 호황이었어요. 사람들이 돈이 너무 많아서 어떻게 쓰나 걱정하고 다녔다니까요.

손우정 누가요?

전진한 사람들이 그랬다니까요.

손우정 저도 그때 살아봤는데 별로 안 그랬던 것 같은데요?(웃음)

전진한 물론 모두가 그랬다고 할 수는 없지만, 대부분 비교적 넉넉했어요. 모피코트 입고 다니는 사람도 많았고, 젊은 사람들은 서태지 옷 따라 입고…… 그런데 제가 군대 갔다오니까 IMF가 딱 터진 거예요. 군대가기 전에는 당구장이 10분에 700원이었는데, 군대 갔다 오니까 100원이었어요. 그때는 '기성세대의 죽음'이라고 부를 정도였으니까요. 매일 자살하고 매일 정리해고 당하고…… 기성세대가 죽어버리니까 사회가 붕 떠버린 것 같았어요. 무능한 정치가 그렇게 만들었다고 봐야죠. 그러다 여기까지 온 거예요. 80년대 학번이 자본의 세례를 받고 대학생활을 했다면, 90년대 학번은 학생운동하다가 IMF를 맞아서 더 이상 주류가 될 수 없는 세대가 됐어요. 그렇지만 우리가 그런 세대라고 스스로 규정하는 순간, 우리는 계속 그렇게 살아야 합니다. 기성세대가 사다리를 걷어찼다고 하는데, 그 사다리는 누가 이어주는 것이 아니라 우리가 이어야 해요.

전진희 대학생들이 '노오력'이라는 말을 쓰는데, 담긴 의미가 커요. 기성세대가 우리에게 '왜 노력하지 않냐'고 하는데 다들 노력하고 있습니다. 그런데 이전의 세대와 우리는 살아온 경험과 방식이 달라요. 청년들이 왜 그렇게 노력하는지, 기성세대는 이해하지 못하는 것 같아요. 우리는 공동체나 '우리 문화'라고 불리는 걸 경험해보지 못한 세대예요. 우리가 자랄 때는 '응답하라 1988'처럼 마을이라는 것이 작동한 적이 없어요. 학교에서도 분리하는 것부터 배웠어요. 돌아보면 이제까지의 삶이 다 '생존 경쟁'으로 살아온 과정 같아요. 지금 사회구조에서 청년들의 자기 노력이 발휘될 틈이 존재합니까? 기성세대는 빈손으로도 성공한 분들이 많으니까 '왜 너네는 나처럼 노력하지 않냐'고 하시는데, 그때와 지금의 상황 자체가 다르잖아요?

홍명근 요즘 제 또래 청년들은 문제점을 지적해서 바꾸기보다 내가 일을 열심히 해서 거기(기득권)에 편입되는 것이 빠르다는 생각을 하는 것 같아요. 더 빨리 기득권층이 되고 싶은 거죠. 대부분 비슷한 것 같아요. 착한 사람이 되고 싶고, 질투심은 많아서 다른 청년들이 잘 되는 것은 싫고……

손우정 '착한 사람'은 어떤 사람인가요?

홍명근 요즘 착한 사람은 능력 있는 사람, 잘 순응하는 사람이에요. 그래야 '착한 사람' 소리를 듣죠(웃음).

손우정 요즘 청년들이 출구가 보이지 않는 어려운 상황에 처해 있다는 진단에는 이견이 없을 것 같습니다. 그런데 '모든 청년이 그런가?', '모든 기성세대가 기득권인가?' 하는 생각도 하게 되거든요. 어찌 보면 예전이 특이한 상황이었고, 지금에 와서야 제대로 된 계급사회가 자리 잡고 있는 것이 아닌가 싶어요. 그런 점에서 세대론이 세대 내부에서 고착화되고 있는 불평등 문제를 은폐하는 측면도 있는 것 같습니다. 이제 겨우 '금수저, 흙수저'론이 나오는 건 세대갈등만으로 설명할 수 없는 상황들이 점차 뚜렷해지기 때문인 것 같아요.

전진희 저도 세대갈등으로 한국사회의 문제를 진단하는 것에 동의하지 않는 편이에요. 시민단체 세대교체론도 그렇습니다. '기성세대가 나가면 새로운 창구가 열리나?', '남은 우리는 어떻게 먹고 사나?', '기성세대가 자기 권력을 내려놓고 나가면 다 해결되나?' 이런 의문이 들어요. 세대갈등은 항상 있는 것인데, 지금은 정해진 파이를 두고 세대끼리 편을 나눠서 나눠먹기 하는 것 같아요. 세대가 아니라 계급을 통해서 파이 싸움을 해야 하지 않을까요? 그런데 왜 세대담론이 청년에게 먹혀

들어가는지는 생각해봐야 해요. 세대담론으로 보면 자기 문제가 구조적인 문제로 쉽게 이해가 되고, 자기 탓이 아니라 나라 탓을 할 수 있으니 위로가 될 수 있는 것 같아요. 그런데 세대가 아니라 계급으로 봐야 한다고 했을 때, 개인적으로는 '가능하지 않은 것'으로 보이죠. 실체가 없는 것 같고요.

홍명근 세대갈등을 조장하는 사람들이 있어요. 나이 드신 세대는 TV만 봐요. TV에서는 대통령이 잘 짜여진 각본대로 기자회견을 해도 '머리 좋은 사람'으로 만들어요. 정권 차원에서도 이념으로 가르고 세대로 갈라서 편 가르기 하면 항상 이기니까 그렇게 하는 거잖아요? 정치적 리더십을 바꾸지 않는 한 해결되지 않는 문제라고 생각합니다.

"청년 정치? 청년들 목소리 내는 것이 우선"

손우정 어떻게 편을 가르는지가 바로 정치의 시작이죠. 그래서 세대로 편을 가르는 것이 과연 타당하냐, 이런 질문에 대해서는 지속적으로 논의해봐야 할 것 같습니다. 마침 2016년 올해 총선이 있어요. 그래서 그런지 또다시 '청년'이 정치권에 호출되고 있습니다. 이제 '청년'이라는 단어조차 정치상품이 된 느낌이 들어요.

전진희 청년을 정치상품으로 만들어버리는 걸 '청년팔이'라고 해도 될 것 같아요. 이런 현상이 2012년 야권에서 '청년 비례의원'을 선출하면서 본격화되었어요. 돌이켜보면 청년 정치인이 발굴되는 성과는 있었는데, 그들이 정말 청년들을 대변하는 역할을 한 건 아니라고 봐요. 기득권 정당에서 활동하는 젊은 정치인 정도? 그런데 박근혜 정부 들어서는 이제 총선 후보 정도가 아니라 모든 정책에서 청년팔이가 진행되고 있어요. 솔직히 말하면 총선에서 청년 국회의원을 당선시켜서 청년을 대변하도록 한다는 것에 대해 회의적이에요. 이들이 청년을 대변할 수 없다고 보기 때문이죠.

홍명근 저도 예전에는 총선에 관심이 많았는데 지금은 별로 관심이 없어졌어요. 사실 2012년 청년 비례대표의 경우에도 청년들이 싸워서 가져와야 했는데 그냥 '주어진 것'이었어요. 지금은 청년 기준조차 높아졌어요. 45세까지라고 하더라고요. 임기 끝나면 거의 50세가 되지요. 지금 모두가 청년, 청년 하지만 거대 정당 중에서는 진정성이 느껴지는 곳이 없어요. 비례대표를 늘리고, 청년들의 정치 진입 장벽을 낮추려는 노력은 안 하잖아요?

전진한 홍명근 씨가 청년비례를 주어진 것이라고 했는데, 꼭 그렇지만은 않은 것 같아요. 당시에는 청년들이 모여서 자기 목소리를 크게 내니까 청년들의 목소리를 두려워해서 선제적인 조치를 취한 거죠. 지금도 정치권에 청년들이 칼을 갈고 있다는 걸 보여줘야 합니다. 바꿈에서도 청년단체들을 만나서 이런 문제에 대해 이야기해보려고 해요. 각 정당의 공천단계에서부터 압박할 필요가 있어요.

손우정 지난 총선 이전만 해도 등록금 문제나 청년 실업에 대한 대책을 요구하는 청년들의 목소리가 강하게 제기되었습니다. 게다가 유난히 낮은 20대 투표율을 올리기 위해 투표참여운동도 활발하게 일어났고요. 이런 흐름들 때문에 지난 총선에서는 청년비례 등 청년을 나름대로 '대우'해주는 정책이 나왔던 것 같아요. 그런 점에서 '청년 정치'를 위해서는 '청년의 목소리 내기'가 우선되어야 한다는 것은 틀림없습니다. 우리가 만든 이 책도 청년의 목소리를 내는 데 조금이라도 기여할 수 있었으면 좋겠습니다. 자, 시간도 오래 흘렀는데, 마지막으로 꼭 하고 싶은 말이 있으신가요?

홍명근 통일운동 했을 때 친구들이 '어떻게 하면 도와줄 수 있니?' 하고 물은 적이 많아요. 그때는 별다른 대답을 못했는데, 지금 생각해보면 그 친구들이 우리가 쓴 글에 의견도 주고 컨텐츠가 나오면 공유도 해주었다면 좋았겠다는 아쉬움이 커요. 이렇게 여러분과 이야기를 나눠보니까 제가 조금은 패배적인 생각을 해온 것이 아닌가 반성이 되네요(웃음). 지금 청년들이 예전 청년들처럼 하나로 뭉칠 수 있는 힘이 없는지는 몰라도 여기저기 흩어져 있는 건 맞아요. 그렇지만 충분히 잠재력이 있는 거죠. 이 힘을 굳이 하나로 묶기보다는 잘 드러나게 해주는 것도 좋은 방법 같아요. 그래서 '우리 이야기'를 흩어진 청년들이 잘 들어주고, 의견도 주고, 공유도 해준다면 좋지 않을까요?

전진희 지금 한국사회가 위기라고 하는데, 절실하게 느낍니다. 청년만이 아니라 모든 세대가 위기 같아요. 이런 '모두의 위기' 상황에서 특히 청년의 위기가 심각한 것은 문제를 해결할 수 있는 플랫폼이나 힘을 모을 수 있는 연대질서 자체가 무너져버려서 그런 것 같아요. 홍명근 씨 말처럼 모두가 하나로 묶일 필요는 없더라도 청년들이 단 한 번이라도 이기는 경험, 이런 사례가 널리 퍼지는 경험들이 중요할 것 같아요. 흩어져 있는 청년의 목소리를 한 곳에 모을 플랫폼이 필요합니다.

전진한 수영을 배울 때 제일 무서운 게 뭔지 아세요? 바로 바닥에 발이 안 닿는다는 겁니다. 그 공포를 이겨내면 물이 편안하게 느껴져요. 지금 청년의 현실은 수영을 처음 배우려는 그 시점인 것 같아요. 물이 깊어지니까 두렵고 긴장되고…… 누구나 물에 뜨지만 물에 뜨는 것 자체가 무서운 거예요. 발이 안 닿으니까. 이제 청년들이 창업하고, 단체 만들고, 목소리를 내야 할 때입니다. '이러다 가라앉는 거 아니야?' 하는 두려움의 단계를 넘어서야 합니다. 그런 점에서 이 책도 우리가 물에 뜨기 위한 하나의 과정 같아요. 청년들의 목소리에 대한 비판도 있겠지만 이런 걸 이겨내야 합니다.

손우정 오랜 시간 좋은 말씀 감사드립니다. 우리 작업에 함께한 모든 분들의 후기를 들어봤으면 좋겠지만, 여러 여건상 대표필진 말씀만 들어봤습니다. 그렇지만 진짜 후기는 이 책의 독자인 청년들에게 들어야 할 것 같아요. 바꿈에서는 앞으로도 이보다 넓은 자리를 계속 만들려고 합니다. 이 책을 읽는 독자 여러분도 많은 의견과 지속적인 관심을 부탁드립니다. 청년이 힘들어하는 나라에서 희망을 찾기란 불가능하겠죠. 그런 점에서 이 책도 청년이 힘을 내고 희망을 찾는 데 조그마한 기여라도 했으면 좋겠습니다. 감사합니다.

세상을 바꾸는
청년 사회입문서

1판 1쇄 찍음 2016년 3월 15일
1판 1쇄 펴냄 2016년 3월 25일

지은이 바꿈청년네트워크

주간 김현숙 | **편집** 변효현, 김주희
디자인 이현정, 전미혜
영업 백국현, 도진호 | **관리** 김옥연

펴낸곳 궁리출판 | **펴낸이** 이갑수

등록 1999년 3월 29일 제300-2004-162호
주소 10881 경기도 파주시 회동길 325-12
전화 031-955-9818 | **팩스** 031-955-9848
홈페이지 www.kungree.com | **전자우편** kungree@kungree.com
페이스북 /kungreepress | **트위터** @kungreepress

ISBN 978-89-5820-370-4 03300

값 15,000원